BRAUNSCHWEIG

JUTTA THIEL

WEITERE STADTFÜHRER AUS UNSERER REIHE
Bamberg • Bayreuth • Celle • Chemnitz • Erfurt • Flensburg • Goslar • Gotha • Halle (Saale) • Hameln • Hildesheim • Jena • Kiel • Magdeburg • Mannheim • Oldenburg • Osnabrück • Paderborn • Rostock • Zeitz

mitteldeutscher verlag

Der Burgplatz – das historische Herz der Stadt

TOP-TIPPS

DOM ST. BLASII

Hier hat Heinrich der Löwe seine Spuren hinterlassen: 1173 ließ er am Platz seiner Residenz seine „Memorialkirche" bauen. Heute ist die Basilika ein guter Ausgangspunkt für einen Ausflug ins Mittelalter rund um den Burgplatz! S. 29

RESIDENZSCHLOSS MIT QUADRIGA

Das Residenzschloss wurde im Zweiten Weltkrieg schwer beschädigt und 1960 schließlich abgerissen. An gleicher Stelle hat man nun das Gebäude wieder aufgebaut und die Schlossfassade rekonstruiert. S. 44

HAPPY RIZZI HOUSE

Schrill, bunt, experimentell. Das vom New Yorker Künstler James Rizzi gestaltete Haus ist ein wahres Kunstwerk, das seinem Betrachter entgegenlacht. Der beste Ort für ein Erinnerungsfoto! S. 49

HINTER DER MAGNIKIRCHE

Rund um die Kirche St. Magni befindet sich eines der ältesten Viertel der Stadt. Bummeln Sie durch die schmalen Kopfsteinpflasterstraßen und werfen Sie dabei einen Blick auf die ansehnlichen Fachwerkhäuser des Quartiers. S. 49

ALTSTADTRATHAUS

Der gotische Bau mit meisterhaften Pfeilerfiguren beherbergt einen Teil des Städtischen Museums. An einer Säule des Laubenganges ist die „Braunschweiger Elle" eingelassen, ein altes „genormtes" Maß der Tuchhändler. S. 64

ENTDECKER-TIPPS

BLICK VOM RATHAUSTURM

Das „neue“ Rathaus der Stadt wurde zwischen 1894 und 1900 errichtet. Der 61 Meter hohe Rathausturm bietet eine wunderschöne Aussicht, u.a. auf den Burgplatz. Die Turmbesteigung ist kostenfrei. S. 38

AEGIDIENKLOSTER & JÜDISCHES MUSEUM

Dieses versteckt gelegene Museum erlangte überregionale Bedeutung durch die ausgestellte Inneneinrichtung der Hornburger Synagoge, die die Zeit des Nationalsozialismus unbeschädigt überstanden hat. S. 53

JAKOB-KEMENATE

Ein versteckter Schatz der Braunschweiger Geschichte: Am Eiermarkt 1 a steht das wohl älteste weltliche Gebäude in Braunschweig aus dem Jahr 1250. Die Kemenate ist architektonisch einzigartig und wurde schon mehrfach prämiert. S. 69

SCHLOSS RICHMOND

Rund um das Schloss, das sich im Süden der Stadt befindet, wurde 1769 einer der ersten englischen Landschaftsgärten auf deutschem Boden angelegt. Heute lädt die Parkanlage zu erholsamen Spaziergängen ein. S. 80

RIDDAGSHAUSEN

Drei Kilometer östlich der Innenstadt erleben Sie pure Romantik, als wäre die Zeit stehen geblieben. Es locken die 1275 geweihte Klosterkirche, alte Fachwerkhäuser sowie das Naturschutzgebiet Riddagshäuser Teiche. S. 83

WILLKOMMEN IN BRAUNSCHWEIG

Wo ging der Mathematiker Gauß zur Schule? In Braunschweig. Wo werden die weltberühmten Klaviere von Schimmel gefertigt? In Braunschweig. Und welche deutsche Stadt hat die höchste Wissenschaftlerdichte? Sie ahnen es: Braunschweig!

Herzlich willkommen in der zweitgrößten Stadt Niedersachsens, einer Stadt zwischen Tradition und Hochtechnologie.

Schon vor 700 Jahren hatte Braunschweig mit seinen 10.000 Einwohnern den Status einer Großstadt. Die erste urkundliche Erwähnung geht bereits auf das Jahr 1031 zurück, doch vor allem ab dem 12. Jh., unter dem Welfenherzog Heinrich dem Löwen, gewann die Stadt an Bedeutung. Umfangreiche Baumaßnahmen wurden in Angriff genommen, woraus sowohl neue Stadtviertel als auch die herrschaftliche Burg Dankwarderode, die welfische Grabeskirche St. Blasii und das berühmte Standbild des Löwen hervorgingen. Diese Zeitzeugen prägen noch heute das Stadtbild.

Heinrichs Frau Mathilde sorgte derweil dafür, dass Braunschweig sich zu einem Zentrum für Kunst und Literatur entwickelte. Die englische Königstochter beeinflusste das kulturelle Leben am Hof enorm, indem sie neue Impulse aus Frankreich und England mitbrachte.

Wirtschaftlich gesehen profitierte die Stadt im Mittelalter sehr von ihrer günstigen Lage an der Oker, die zu jener Zeit bis zur Nordsee schiffbar war. Braunschweig entwickelte sich so zum Umschlagplatz für diverse Waren und wurde schließlich Mitglied der Hanse.

Auch heute ist Braunschweig mit seinen über 250.000 Einwohnern seiner Zeit voraus. Die Jahre nach der Teilung Deutschlands, in denen die Stadt als „Zonenrandgebiet" wirtschaftliche Probleme hatte, sind längst vergessen. Die Region nimmt in internationalen Rankings Spitzenplätze in der Forschung und Entwicklung ein und wurde 2007 sogar zur „Stadt der Wissenschaft" gekürt. (S. 16)

Typisch für Braunschweig ist allerdings auch die extreme Fußball-Vernarrtheit. Eintracht Braunschweig ist der Verein der Stadt. Ob nun zweit- oder drittklassig gespielt wird, die zahlreichen Fans bleiben ihrem Club treu, komme, was wolle. Die Liebe zum Fußball mag vielleicht darauf beruhen,

Die genaue Zeit misst die Atomuhr in der Physikalisch-Technischen Bundesanstalt

dass hier im Jahr 1874 das erste Fußballspiel auf deutschem Boden stattfand. Es ist dem Braunschweiger Lehrer Konrad Koch zu verdanken, dass dieses englische Spiel Teil des Schulsports wurde. (S. 66)

Als genauso enthusiastisch erweist sich der Braunschweiger in der Karnevalszeit. Dann schlängelt sich der größte Umzug Niedersachsens, der „Schoduvel", durch die Innenstadt und lockt bis zu 280.000 Zuschauer an.

Feiern und Geselligkeit sind in Braunschweig sowieso das ganze Jahr über angesagt, ob bei einem After-Work-Cocktail in einer der unzähligen Kneipen und Bars oder am Wochenende bei einem ausgiebigen Frühstück in einem der Cafés. Und danach wird geshoppt! Vor allem Braunschweigs „Schloss-Arkaden", das 2007 neu eröffnete Einkaufszentrum im Herzen der Stadt, lockt viele Einkaufslustige selbst von weither an.

VERANSTALTUNGS-KALENDER

JANUAR

Feuerwerk der Turnkunst Europas erfolgreichste Turnshow ist zu Gast in der Volkswagen Halle. www.feuerwerkderturnkunst.de

FEBRUAR/MÄRZ

Schoduvel Der größte Karnevalsumzug Norddeutschlands führt quer durch die Braunschweiger Innenstadt. Am Sonntag vor Rosenmontag. www.braunschweig.de/karneval

MÄRZ

Löwen Classics Internationales Weltranglistenturnier der Dressur- und Springreiter, bei dem Teilnehmer aus der ganzen Welt gegeneinander antreten. www.loewenclassics.de

Handmade Ausstellung für kreatives Gestalten in der Stadthalle. Rund 180 Aussteller aus dem In- und Ausland präsentieren neue Produkte und Ideen. Viele Workshops und Mitmach-Aktionen runden das Programm ab. www.handmade-messe.info

APRIL

Honky Tonk Festival Beim Honky Tonk treten Künstler der verschiedensten musikalischen Stilrichtungen zeitgleich an einem Abend in zahlreichen Braunschweiger Lokalen und Kneipen auf. www.honky-tonk.de

MAI

Mittelalterlicher Markt Über 150 Akteure verwandeln den Burgplatz in einen mittelalterlichen Markt. Immer an Pfingsten. www.braunschweig.de/mima

JUNI/JULI

ATP Tennisturnier Sparkassen Open Das ATP-Challenger-Event ist mit 150.000 Euro Preisgeld dotiert. Nicht nur ein sportliches, sondern auch ein gesellschaftliches Highlight mit attraktivem Rahmenprogramm. www.sparkassen-open.de

Braunschweig International Multikulturelles Fest auf dem Braunschweiger Kohlmarkt. www.braunschweig.de

Burgplatz Open Air Das Staatstheater Braunschweig inszeniert in historischer Kulisse bekannte Opern. Termin

TIPP In der kostenfreien App „Entdecke Braunschweig" finden Sie virtuelle Stadtrundgänge, Tourenvorschläge und Tipps für Veranstaltungen und Unternehmungen. In die App integriert ist eine Augmented-Reality-Funktion für einige Sehenswürdigkeiten der Stadt, u. a. den Burgplatz. www.braunschweig.de/app

Der Braunschweiger Weihnachtsmarkt zieht Besucher aus nah und fern in die Löwenstadt

variiert (zwischen Juni und August). www.staatstheater-braunschweig.de

Theaterformen Internationales Festival, das bereits seit 20 Jahren stattfindet. Es bietet nicht alltägliche Theaterproduktionen und Konzerte. Findet in geraden Jahren statt (2018, 2020 etc.). www.theaterformen.de

AUGUST/SEPTEMBER

Festival KulturImZelt Das 1.000 Personen fassende Veranstaltungszelt im Bürgerpark lockt mit einem vielfältigen Angebot: Jazz, Pop, Chansons oder Klassik, Lesungen und Kabarett, Comedy, Theater und Zirkus der besonderen Art. Dargeboten von bekannten Künstlern, vielversprechenden Newcomern oder prominenten Entertainern. www.kulturimzelt.de

Magnifest Das Magnifest zählt zu den größten und beliebtesten Festen in der Braunschweiger Region – jedes Jahr lockt es bis zu 100.000 Menschen in das Magniviertel. Drei Tage Entertainment zum Nulltarif. www.magni-fest.de

NOVEMBER

Internationales Filmfest Braunschweig Das älteste Filmfestival Niedersachsens mit rund 25.000 Besuchern, darunter namhafte Fachbesucher wie Regisseure, Schauspieler und Produzenten. www.filmfest-braunschweig.de

Mummekaufgenuss An einem Wochenende im November verwandelt sich die Innenstadt in die „Mumme-Meile", dann gibt es an diversen Ständen alles rund um das Braunschweiger Traditionsgetränk zu entdecken, verarbeitet in leckeren Speisen. Mit verkaufsoffenem Sonntag. www.braunschweig.de/mummekaufgenuss

DEZEMBER

Braunschweiger Weihnachtsmarkt Rund um Dom, Rathaus und Burg Dankwarderode. In malerischer Kulisse erwarten Sie Stände mit Kunsthandwerk und kulinarischen Spezialitäten. www.braunschweig.de/weihnachtsmarkt

BRAUNSCHWEIG MIT KINDERN

Städtereise und Urlaub mit Kindern – das muss sich nicht zwangsläufig widersprechen. Braunschweig ist bestens auf Familien mit Kindern vorbereitet, sodass der Städtetrip auch für die Kleinen zum Erlebnis wird. Ganz nebenbei werden die Nerven der Eltern geschont.

Vor allem das **Naturhistorische Museum** ist bei Kids äußerst beliebt, denn Museumspädagogen bereiten die Attraktionen des Museums kindgerecht auf. Im Dinosaurier-Saal fühlt sich der Besucher neben einem rekonstruierten Dinoskelett, das sagenhafte 14 Meter lang und beinahe fünf Meter hoch ist, winzigklein. Auch das im Lichtsaal ausgestellte Skelett der Riesenseekuh, die im 18. Jh. ausgestorben ist, ist beeindruckend – und sehr wertvoll, denn weltweit sind nur wenige Überreste dieser Tierart erhalten geblieben. Lebendiger geht es im Aquarium zu, in dem neben Fischen u. a. auch Würgeschlangen zu Hause sind. Die Sonderausstellungen, die in einem regelmäßi-

gen Turnus wechseln, erweisen sich zudem als echte Besuchermagneten. (S. 132)
Der Braunschweiger **Arche Noah Zoo** hat ebenfalls alles, was Kinderherzen höher schlagen lässt: Wilde Tiere können aus der Nähe bewundert werden, der Streichelhof lädt zum Anfassen ein und bei einigen Tieren (z. B. den Ponys und Waschbären) ist sogar das Füttern erlaubt. Austoben können die Kids sich nach dem Rundgang dann auf einem der beiden Spielplätze mit Karussell, Autoscooter, Trampolin und Sandkiste. (S. 136)
Ebenso spannend, nicht nur für Kinder, ist ein Ausflug in das futuristische Wolfsburger **phaeno**, ein Erlebniszentrum für Wissenschaft. Hier kommen kleine Forscher voll auf ihre Kosten. (S. 100)
Um den Kleinen die Stadtgeschichte auf spielerische Weise näherzubringen, gibt es in Braunschweig spezielle **Stadtführungen für Kinder**, bei denen die Zeit wie im Fluge vergeht: Bewaffnet mit einer Taschenlampe erkundet der Nachwuchs das nächtliche Braunschweig und erfährt allerhand Erstaunliches. Detaillierte Informationen zum Angebot erhalten Sie unter www.braunschweig.de

Spezielle Angebote machen die Stadt auch für Kinder attraktiv

oder direkt in der Touristinfo. (S. 140)
Der Braunschweiger Cityservice sorgt darüber hinaus dafür, dass der Einkaufsbummel nicht nur den Großen Spaß macht. Durch die Innenstadt führt eine **Spielfährte** und viele Geschäfte verfügen über schön gestaltete Kinderspielecken. Nähere Informationen sind unter www.braunschweig.de/cityservice gelistet. Übrigens hält die Webseite auch praktische Informationen zu Wickel- und Stillräumen sowie Schließfächern in der City bereit.
Wenn sich die Großen bei einem leckeren Kaffee oder Cocktail ausruhen möchten, dann ist der **Beach Club Okercabana** in den Sommermonaten der perfekte Ort dafür. Während Sie gemütlich im Liegestuhl die Sonnenstrahlen genießen, können Ihre Kinder im Sand buddeln, im angrenzenden Park toben oder Volleyball spielen. (S. 119)

BRAUNSCHWEIGER SPEZIALITÄTEN

An vorderster Front der Braunschweiger Spezialitäten steht die **Mumme**, ein zähflüssiges Gebräu aus Malz und Wasser. Die Ursprünge der Mumme führen bis ins 14. Jh. zurück. Damals hatte das Getränk noch einen recht hohen Alkoholgehalt und ihm wurden verschiedene Gewürze beigemischt. Das dunkle Starkbier verdrehte nicht nur den Braunschweigern den Kopf, sondern wurde bald von Seeleuten und Reisenden entdeckt. Aufgrund ihrer Rezeptur (viel Zucker und Alkohol) war die Mumme ungewöhnlich lange haltbar, was sie zum perfekten Nahrungsmittel für wochen- und sogar monatelange Fahrten machte. Heute trinkt kaum jemand das Malzgebräu pur. Hauptsächlich werden in der Gastronomie verschiedenste Speisen mit der Mumme verfeinert und bekommen dadurch ihre ganz besondere Note. Ob Mumme-Braten, Mumme-Biersuppe, Mumme-Senf oder Mumme-Pfannkuchen – der Fantasie sind keine Grenzen gesetzt. Als Souvenir erwerben können Sie die

Mumme beispielsweise in der Touristinfo und in der Buchhandlung Graff. (S. 124)

Ebenso beliebt: der **Braunschweiger Spargel**. Obwohl die Ägypter Spargel schon vor 4.500 Jahren kannten, trat er seinen Siegeszug als beliebtes Gemüse erst im 17. Jh. an. Aufgrund des nährstoffreichen Bodens in und um Braunschweig entstand hier eines der größten Spargelanbaugebiete Norddeutschlands. Die hohe Qualität machte den Braunschweiger Spargel schnell über die Stadtgrenzen hinaus bekannt. Auch heute noch genießt der Braunschweiger Spargel einen exzellenten Ruf – im Frühjahr zwischen April und Juni können Sie sich selbst davon überzeugen!

Für Liebhaber deftigen Essens ist die **Braunschweiger Wurst** eine echte Delikatesse. Sie ist international bekannt, doch was sich hinter der berühmten „Braunschweiger" verbirgt, ist von Land zu Land verschieden. Meistens versteht man darunter eine Streichwurst. Hierzulande gilt als braunschweigische Spezialität aber die Mettwurst.

Wer auf der Suche nach einem Absacker ist, der wird in der Hagenmarkt-Apotheke fündig. Im Jahr 1848 mixte der Apotheker Johann Nicolaus Grote einen Magenlikör, den er **Stadtrath** nannte. Noch heute stellt die Apotheke den Trunk nach dem Originalrezept her, das u.a. Enzian, Chinarinde und Zimt enthält. (S. 123)

Die Mumme – Braunschweigs traditionelles Getränk

Wer sich weder mit der Mumme noch mit dem Stadtrath anfreunden kann, findet bestimmt Gefallen am berühmten **Heimbs Kaffee**. Die Manufaktur, die sich auf die Belieferung der Gastronomie spezialisiert hat, wurde 1800 in Braunschweig gegründet. In den „Schloss-Arkaden" führt Heimbs im Obergeschoss ein Café, in dem Sie neben Heimbs Kaffee auch Trinkschokolade probieren können. (S. 115)

Nicht zu vergessen ist darüber hinaus das Lieblingsbier der Braunschweiger, das seit Jahrhunderten in der Stadt gebraut wird: das **Wolters**. Praktisch alle Kneipen und Gaststätten führen es auf ihrer Karte. Wohl bekomm's!

BRAUNSCHWEIG VOM WASSER AUS ENTDECKEN

Mögen Sie Bootstouren? Dann unternehmen Sie unbedingt eine Fahrt auf der Oker! Ob auf eigene Faust im gemieteten Kanu oder lieber im Rahmen einer geführten Tour auf einem großen Floß – die Stunden auf dem verwunschenen Fluss werden Sie mit Sicherheit genießen.

Ursprünglich floss die Oker, die im Naturschutzgebiet Harz entspringt, in einer breiten Flussaue durch die Innenstadt. Doch im 18. Jh. begann man damit, den Flusslauf zu verzweigen: Um der Stadt einen besseren Schutz vor Eindringlingen zu bieten, wurden Umflutgräben um die städtischen Bastionsanlagen angelegt, die dann mit dem Wasser der Oker gefüllt wurden. Mit zunehmendem Ausbau der Innenstadt entschied man sich dann Ende des 19. Jh.s, den eigentlichen Flussverlauf mitten durch die Stadt komplett zuzuschütten bzw. zu verrohren.

Geblieben sind bis heute die Umflutgräben. Diese umrunden mit einer Länge von 6,5 Kilometern die Innenstadt und sind wie gemacht fürs Paddeln. Vom Wasser aus kann man die großen Gärten vieler herrschaftlicher Villen bewundern, die von der Straße aus nicht sichtbar sind. Sie erleben das wild bewachsene Ufer in völliger Ruhe, obwohl nur wenige Meter von Ihnen das Innenstadtleben tobt. Bei Lust und Laune können Sie sogar spontan an Braunschweigs Beach Club „Okercabana" anlegen, um Ihren Durst zu stillen. Ein echtes Erlebnis!

Wer sich dafür entscheidet, allein die Leinen loszumachen, der kann entweder nach Süden oder nach Norden schippern. Das komplette Befahren der Umflutgräben ist nur mit Umsetzen des Boots möglich, denn Petri- und Wendenwehr versperren die Durchfahrt. So können Sie entweder Kurs auf den **Löwenwall** (S. 52) nehmen, dann vorbei am **Museumpark** und **Theaterpark** bis hin zum **Botanischen Garten** (S. 78). Oder Sie schippern über den **Bürgerpark** bis zum **Inselwall**. Falls Sie sich trauen, allein das Boot umzusetzen, stellen die Wehre natürlich kein Hindernis mehr dar, und Sie können die Umflutgräben in Gesamtheit umrunden.

Auch gesellige Floßfahrten kann man auf der Oker unternehmen

Falls Sie es bevorzugen, nicht selbst zu paddeln, dann können Sie auch an einer Gruppentour auf einem der Floße teilnehmen. Das aktuelle Angebot entnehmen Sie bitte den Webseiten der beiden Bootsverleiher.

Sehr großer Beliebtheit erfreut sich bei den Braunschweigern die Veranstaltungsreihe „Mord auf der Oker". Während der abendlichen Fahrt auf dem Holzfloß sind Braunschweiger Krimi-Autoren mit an Bord und geben Geschichten zu gruseligen Verbrechen zum Besten. Die aktuellen Veranstaltungstermine finden Sie auf www.braunschweig.de/mordaufderoker.

Wichtig: Sie sollten unbedingt einen Platz vorreservieren! Einige Fahrten sind sehr beliebt und oft schon früh ausgebucht.

STADT DER WISSENSCHAFT

In Sachen Forschung und Wissenschaft übernimmt Braunschweig eine Vorreiterrolle.

Die Stadt belegt laut Patentatlas den siebten Platz im bundesweiten Ranking der Patentanmeldungen. Mehr als 15.000 Menschen arbeiten im Hochtechnologie-Sektor, ein bundesweiter Spitzenwert. Neben renommierten Forschungseinrichtungen entwickeln Mitarbeiter in rund 250 Firmen Technologien für die Zukunft. Kein Wunder, dass Braunschweig im Jahr 2007 dafür mit dem Titel „Stadt der Wissenschaft" ausgezeichnet wurde.

In Braunschweig dreht sich alles um das Thema „Mobilität". Braunschweig ist nicht nur Standort der Volkswagen AG, ebenso emsig arbeitet man im Bereich der Bahntechnik und der Luft- und Raumfahrt. Viele Unternehmen aus diesem Sektor sind am Braunschweiger Forschungsflughafen angesiedelt, der sich dank seines verkehrsträgerübergreifenden Portfolios zu Europas führendem Kompetenzzentrum für Mobilitätsfragen entwickelt.

Einen wichtigen Forschungsbeitrag leistet dort u. a. das DLR (Deutsches Zentrum für Luft- und

Raumfahrt), das im Rahmen diverser Projekte daran arbeitet, das Leben von morgen sowohl angenehmer als auch ressourcenschonender zu gestalten. Gemeinsam mit Partnern aus Wissenschaft und Industrie entwickelte man hier z. B. einen ortungsbasierten „Lückenfinder" für den Straßenverkehr. Dieser macht das Ein- und Ausfädeln an Autobahnanschlussstellen und -knotenpunkten kinderleicht. Darüber hinaus arbeitet man an einer verbesserten Aerodynamik von Flugzeugen, damit diese künftig weniger Kerosin benötigen. Auch der Fluglärm ist Gegenstand der Forschung: Wie kann man ihn reduzieren, sodass Anwohner in der Nähe von Flughäfen weniger belastet werden?

Spannende Untersuchungen übernimmt auch die Gravionic GmbH, die 2007 aus dem Institut für Flugführung der TU Braunschweig ausgegründet wurde. Das Unternehmen hat ein revolutionäres Verfahren entwickelt, um Bodenschätze zu erkunden. Das zu untersuchende Gebiet wird dabei mit einem Flugzeug überflogen, das ein hochpräzises System zur Datenerfassung an Bord hat.

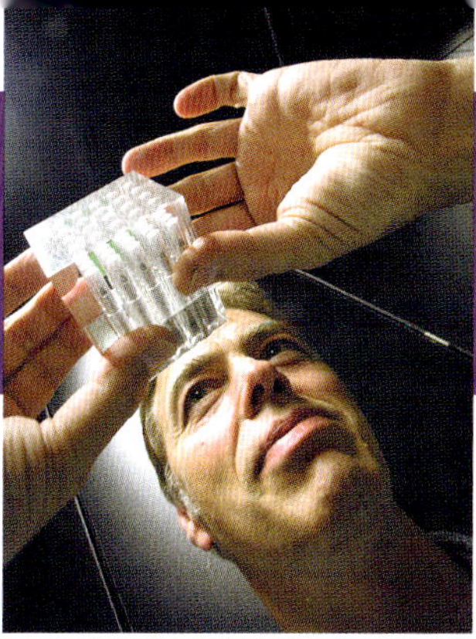

Viele Hightech-Unternehmen haben in Braunschweig ihren Sitz

Zukunftsweisend ist auch die Arbeit der 1990 gegründeten Hightech-Firma GOM, ebenfalls ein Spin-off der TU Braunschweig: Ingenieure, Informatiker und Mathematiker entwickeln hier optische 3D-Messsysteme für die Qualitätssicherung in der Produktion. Die GOM Technologie ist dank aktueller Optoelektronik und präziser Bildverarbeitung, kombiniert mit intelligenten mathematischen Algorithmen, heute weltweit heiß begehrt.

Außerdem made in Braunschweig: die Zeit! Die in der Stadt ansässige PTB (Physikalisch-Technische Bundesanstalt) legt mithilfe ihrer Atomuhr die Zeit haargenau fest. In zehn Millionen Jahren geht die Uhr maximal eine Sekunde falsch.

Wenn Sie also das nächste Mal auf die Uhr schauen, in den Urlaubsflieger steigen oder sich ein neues Auto kaufen, dann wissen Sie nun: Sie sind stets von Braunschweiger Hightech umgeben.

AUSFLÜGE INS BRAUNSCHWEIGER LAND

Das kulturelle Leben des Braunschweiger Landes beschränkt sich keineswegs nur auf die Stadt Braunschweig. Vielmehr ist sie der ideale Ausgangspunkt für Ausflüge in die Umgebung. (S. 88)
Doch welche Ziele lohnen sich eigentlich? Um Besuchern des Braunschweiger Landes eine übersichtliche Orientierungshilfe zu geben, wurden die **ZeitOrte** erschaffen. Unter diesem Begriff hat man alle Attraktionen in Braunschweig und Umgebung zusammengeführt, die besonders sehenswert sind. Dabei sind mehr als 90 Ziele zusammengekommen. Auf der Webseite www.zeitorte.de finden Sie eine komplette Auflistung aller Ausflugsvorschläge inklusive Adresse und Öffnungszeiten. Die Webseite sortiert die Ziele chronologisch in Epochen, von der Urzeit über das Mittelalter bis hin zur Zukunft. So können Sie, je nach Interessenlage, die für Sie relevanten Attraktionen durchstöbern und mit wenigen Mausklicks Ihren eigenen Reiseplaner zusammenstellen. Wer sich beispielsweise für die Ur- und Steinzeit interessiert, der findet im **Archäologischen Museum** in Wolfenbüttel Antworten. Hier begegnen Sie bedeutenden archäologischen Funden wie den Überresten eines Neandertalers. (S. 136)

Mittelalter-Flair verströmt die **Burg Warberg**, im gleichnamigen Dörfchen nahe Königslutter am

Auch das Schloss in Wolfenbüttel ist von Braunschweig aus schnell erreicht

Elm gelegen. Die Burg, die bereits Anfang des 13. Jh.s zum ersten Mal urkundlich erwähnt wurde, gilt als wichtiges kulturelles Erbe. (S. 136)
Das Zeitalter der Aufklärung verkörpert das **Lessinghaus**, wiederum in Wolfenbüttel gelegen. Gotthold Ephraim Lessing, der Verfasser des Dramas „Nathan der Weise", verlebte hier gemeinsam mit seiner Frau Eva König seine glücklichste Zeit. Das Lessinghaus dient heute als Museum. (S. 94)
Oder interessieren Sie sich eher für die Industrialisierung? Dann wäre vielleicht das Vienenburger **Eisenbahnmuseum** ein spannendes Ausflugsziel für Sie. Hier begeistern alte Fahrkartendrucker, Uniformen und eine Modellbahnanlage die Besucher. (S. 136)
Aktuelle wissenschaftliche Erkenntnisse erwarten Sie hingegen im **Planetarium** in Wolfsburg. Gemütlich zurückgelehnt in einem Sessel, mit Blick auf den projizierten Sternenhimmel, reisen Sie durch den Kosmos (S. 137). Empfehlenswert ist auch ein Ausflug in die **Autostadt**, eine Erlebniswelt rund um das Thema Mobilität. (S. 98)
Die Macher der „ZeitOrte" bieten darüber hinaus spezielle Reisearrangements an, die Sie in die Braunschweiger Umgebung führen und bei denen Sie rundum versorgt sind – ideal für alle, die sich nicht mit der Organisation ihrer Reise herumschlagen möchten. Ob Tagesausflug, Kurzurlaub oder Gruppenreise, das Angebot ist sehr umfangreich.
Das Reiseangebot „Einstein trifft Beetle", das Besucher nach Wolfsburg entführt, bietet beispielsweise zwei Übernachtungen plus Tagestickets für die „Autostadt" und das Science-Center „phaeno", inklusive Verzehr- und Parkgutscheinen. Details hierzu erfahren Sie ebenfalls auf der oben genannten Webseite oder direkt beim „TourismusRegion BraunschweigerLAND e.V.". (S. 140)

ZeitOrte
Expeditionen ins Zeitreiseland

Das Label „ZeitOrte" wurde 90 besonders sehenswerten Zielen verliehen.

BRAUNSCHWEIG BARRIEREFREI

Auch für Besucher mit Behinderungen ist Braunschweig eine Reise wert. Im Folgenden finden Sie Anregungen für Ihren Ausflug nach Braunschweig sowie Informationen zu Parkplätzen und Toiletten.

Wenn Sie mit dem Auto anreisen, parken Sie am besten in der **Tiefgarage Magni** (11 Behindertenparkplätze, Zufahrt über Georg-Eckert-Straße) oder im **Parkhaus Schloss** (40 Behindertenparkplätze, Zufahrt Ritterbrunnen). Beide Parkhäuser sind nur einen Steinwurf vom Residenzschloss entfernt. Das Parkhaus Schloss verfügt sogar über eine direkte Anbindung zur Ladenstraße der **Schloss-Arkaden**. Hier können Sie gemütlich shoppen. Darüber hinaus runden diverse gastronomische Einrichtungen das Angebot ab. Ein ausgeschildertes Behinderten-WC finden Sie im 1. Obergeschoss. (S. 125)

Wer keine Lust zum Einkaufen hat, der kann sich derweil im **Schlossmuseum** vergnügen. Der barrierefreie Zugang mit Aufzug ist links um die Ecke vom Treppenaufgang des Museums zu finden. (S. 47)

Danach geht es weiter in Richtung **Burgplatz**. Seit Juli 2011 ist der **Dom St. Blasii** mit einem barrie-

Barrierefreiheit ist nicht nur für Rollstuhlfahrer wichtig

refreien Zugang ausgestattet. Die stufenlose Rampe dient gleichzeitig als Übergang zur Fußgängerzone. (S. 29)

Nach der Dombesichtigung können Sie also weiter shoppen gehen oder Sie legen noch einen kulturellen Stopp ein und besuchen das **Braunschweigische Landesmuseum**, das sich gleich neben dem Dom befindet. Das Museum ist für Rollstuhlfahrer uneingeschränkt zugänglich und mit einer Behindertenklingel am Zugang ausgestattet. (S. 131)

Für das Abendprogramm empfiehlt sich ein Besuch des **Braunschweiger Staatstheaters**. Im Großen Haus der altehrwürdigen Spielstätte stehen im Parkett spezielle Plätze für Behinderte zur Verfügung. Der Zugang zum Theater ist über den Seiteneingang gewährleistet. Auf Klingelzeichen wird Ihnen die Tür geöffnet, von dort aus erwartet Sie ein Fahrstuhl. Es sind zwei Behindertenparkplätze vorhanden. (S. 76)

Das Kino **C1 Cinema** wartet hauptsächlich mit bekannten Blockbustern auf. Das zugehörige Parkhaus mit Behindertenparkplätzen befindet sich gleich nebenan. (S. 134)

Wer mit Kindern unterwegs ist, der könnte einen Abstecher in den **Arche Noah Zoo** vornehmen, der mit drei Behindertenparkplätzen ausgestattet ist. (S. 136)

Noch ein Hinweis zum Schluss: Erfahrungsgemäß ist die Braunschweiger Innenstadt an Samstagen sehr gut besucht und die Parkplatzsituation wird ab mittags etwas angespannt. Falls Sie also an einem Samstag anreisen, kommen Sie so früh wie möglich. Ruhiger geht es unter der Woche zu.

Weitere Informationen hält der „Behindertenführer" der Stadt Braunschweig bereit, zu finden unter www.braunschweig.de/behindertenfuehrer.

BARRIEREFREIHEIT

- Gehbehinderte
- Rollstuhlfahrer
- Senioren
- Familien

RUND UM DEN BURGPLATZ

Auf dem Burgplatz schlägt das historische Herz der Stadt. Nachdem Welfenherzog Heinrich der Löwe Braunschweig zu seiner Residenz erwählt hatte, errichtete er hier im 12. Jh. den prächtigen Dom St. Blasii und ließ die Burg Dankwarderode ausbauen. Ebenfalls auf Heinrich zurückzuführen ist das Standbild des Löwen, der inmitten des Platzes majestätisch auf seinem Sockel thront und heute Wahrzeichen der Stadt ist. Übrigens: Sogar Hollywood weiß das mittelalterliche Flair des Burgplatzes zu schätzen. Die Filmemacher wählten ihn als Schauplatz für die Horrorkomödie „Hänsel & Gretel – Hexenjäger“.

siehe große Karte S. 24/25

SEHENSWERTES

Braunschweiger Löwe Das Wahrzeichen Braunschweigs, errichtet durch Heinrich den Löwen. S. 26 1

Burg Dankwarderode Ursprünglich erbaut als Residenz des Welfenherzogs. S. 26 2

Dom St. Blasii In der ehemaligen Stiftskirche befindet sich die Grablege Heinrichs des Löwen und seiner Frau Mathilde. S. 29 4

Rathaus Wunderschöner Blick vom 61 Meter hohen Rathausturm. S. 38 8

GASTRONOMIE

Al Duomo Gehobene Gastronomie mit Blick auf den Burgplatz. S. 116 8

EINKAUFEN

Apotheke am Hagenmarkt Hier wird der „Stadtrath" verkauft, ein Magenlikör, der nach dem Rezept eines alten Braunschweiger Apothekers gemixt wird. S. 123 2

Graff Schöne, große Buchhandlung mit Souvenir-Abteilung. S. 124 8

ÜBERNACHTUNG

Deutsches Haus Schlafen in historischem Ambiente. S. 127 6

KULTUR UND FREIZEIT

Braunschweigisches Landesmuseum Im Vieweghaus widmet man sich der Geschichte der Region von der Frühzeit bis zur Gegenwart. S. 131 1

Portal des Braunschweigischen Landesmuseums

Inselwall
Kaiserstraße
Wendenstr.
10
Neuer Weg
Beckenwerker Str.
Alte Waage
Reichsstraße
Weberstr.
Hagenbrücke
Lange Straße
Küchenstr.
25
4
Hintern Brüdern
Schild
Marstall
8
6
8
1
Sack
14
6
7
5
1
2
6
5
3
Gördelingerstr.
Breite Str.
3
Neue Str.
4
4
Dom
Schützenstr.
10
Schuhstr.
Brabandts
Kohl-
markt
Damm
Münzstraße

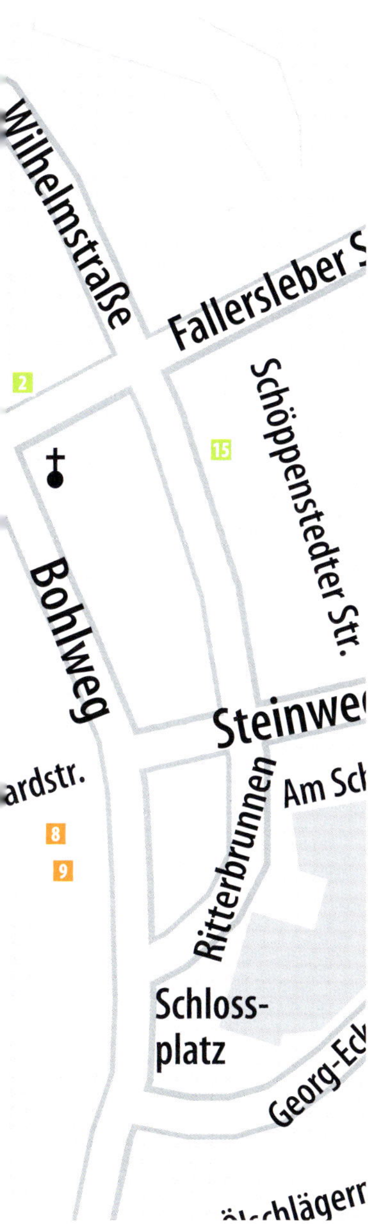

SEHENSWERTES

GASTRONOMIE

EINKAUFEN

ÜBERNACHTUNG

KULTUR UND FREIZEIT

1 BRAUNSCHWEIGER LÖWE S. 24

Heinrich der Löwe, einflussreicher Herzog von Sachsen und Bayern, ließ das Löwenstandbild um 1166 errichten. Die 880 Kilogramm schwere Bronzefigur war die erste frei stehende Großplastik nördlich der Alpen nach der Antike und somit zu jener Zeit ein wahres Meisterwerk. Mit dem Standbild verfolgte Heinrich ein klares Ziel: Es zeigte für jeden sichtbar seine Macht und Gerichtsbarkeit. Man munkelte, dass er damit auch gegen Kaiser Barbarossa sticheln wollte, mit dem er in ständigem Clinch lag. Bis heute ist der Löwe das Wahrzeichen der Stadt.

Das Standbild, das Sie aktuell auf dem Burgplatz sehen, ist leider nur eine Kopie. Das Original musste man schweren Herzens 1980 ins Museum bringen, nachdem es im Freien aufgrund von Umwelteinflüssen zusehends Schaden nahm. Seit 1989 wird der echte Löwe in der Burg Dankwarderode ausgestellt.

Apropos Schaden: In den Wirren der letzten Jahrhunderte musste der Löwe einiges über sich ergehen lassen. Im Jahr 1812 wollte man ihn einschmelzen, um daraus für Napoleons Russland-Feldzug Kanonenkugeln zu fertigen. Ein tapferer Präfekt namens Friedrich Henneberg rettete ihn in letzter Sekunde vor seinem Schicksal. Im Zweiten Weltkrieg sollte es ihm erneut an den Kragen gehen. Die Nazis gaben den Befehl, den Löwen abzumontieren und nach Schlesien zu schaffen. In diesem Fall stand der couragierte Landeskonservator Kurt Seeleke für ihn ein. Er tauschte das Original heimlich gegen eine Kopie aus und brachte den „echten" Löwen nach Goslar, um ihn dort in einem Bergwerkstollen zu verstecken. So überlebte das Standbild auch den Zweiten Weltkrieg und kam 1945 wohlbehalten nach Braunschweig zurück.

Burgplatz

2 BURG DANKWARDERODE S. 24

Wenn Sie dem Blick des Löwen folgen, schauen Sie direkt auf die Burg Dankwarderode. Schon vor der Herrschaft des Welfenherzogs gab es an dieser Stelle einen Bau, in dem die Brunonen ihren Sitz hatten. Heinrich der Löwe hatte jedoch höhere Ansprüche. Von 1160 bis 1175 ließ er seine Burg nach dem Vorbild der Kaiserpfalzen errichten. Im Laufe der Zeit nahmen die folgenden Herzöge verschiedene bauliche Veränderungen vor. Später wurde die Burg als Kaserne genutzt, bis sie im Jahr 1873 schließlich einem Feuer zum Opfer fiel und völlig niederbrannte. Was Sie heute sehen, ist ein Nachbau aus dem Jahr 1887. Von der ursprünglichen Burg aus dem 12. Jh. hat man den Grundriss übernommen, der mithilfe archäologischer Untersuchungen rekonstruiert werden konnte. Ebenfalls historisch belegt ist der direkte Übergang zwischen Burg und Dom.

Stolz blickt der Löwe auf die Burg Dankwarderode. Die Räumlichkeiten beherbergen heute die Mittelalter-Sammlung des Herzog Anton Ulrich-Museums.

Glücklicherweise fand man in der ausgebrannten Ruine noch einige Originalteile, beispielsweise die Säulenstellung mit Rundbögen im Untergeschoss sowie die romanischen Fenster des Rittersaals, die in den Neubau integriert wurden. Alles andere jedoch beruht auf „freier Fantasie" und sah höchstwahrscheinlich früher anders aus. Prinz Albrecht, der die Entscheidung für den Wiederaufbau getroffen und die Finanzierung gesichert hatte, nutzte die Burg in den Folgejahren zu repräsentativen Zwecken. Heute befindet sich in der Burg ein Museum.

Burgplatz 4

3 MUSEUM IN DER BURG DANKWARDERODE S. 24

Ein Besuch des Museums ist absolut lohnenswert! Im Knappensaal im Untergeschoss sehen Sie Teile des Welfenschatzes, u. a. den prächtigen Kaisermantel von Otto IV., Sohn Heinrichs des Löwen. Als einziger Welfe wurde Otto IV. 1198 zum römisch-deutschen König gewählt und 1209 zum Kaiser gesalbt. Er verstarb allerdings schon 1218. Der Mantel, der um 1200 gefertigt wurde, besteht aus Seide mit echter Goldstickerei. Auch das Originalstandbild des Löwen wird hier ausgestellt. Ganz aus der Nähe kann man den alten Bronzelöwen in aller Ruhe bestaunen und ihm ins aufgerissene Maul schauen. Sie werden feststellen, dass er seiner Kopie auf dem Burgplatz wirklich zum Verwechseln ähnlich sieht – kein Wunder, dass niemand den heimlichen Austausch im Zweiten Weltkrieg (s. o.) bemerkt hat.

Beeindruckend ist auch der große Rittersaal mit seinen herrlichen

Wandmalereien, den großen Kronleuchtern und den mit Ornamenten verzierten Säulen.

Burgplatz 4 • Tel.: 0531 12152618 • www.3landesmuseen.de • Di.–So. 10–17 Uhr

4 DOM ST. BLASII S. 24

TOP-TIPP

Gleich neben der Burg erhebt sich der herrschaftliche Dom St. Blasii, erbaut von Heinrich dem Löwen ab 1173. Nach seiner Rückkehr von einer Pilgerreise ins Heilige Land stiftete er die Kirche, beeindruckt und inspiriert von seinen Erlebnissen, zu Ehren des heiligen Blasius und Johannes des Täufers. Die neue Stiftskirche, ursprünglich erbaut als dreischiffige Gewölbebasilika, sollte Grabstätte für ihn und seine Ehefrau Mathilde von England werden. Noch während sich die Kirche im Bau befand, wurde Heinrich der Löwe nach politischen Auseinandersetzungen entmachtet, verbannt und ging ins Exil nach England. Nichtsdestotrotz wurde der Kirchenbau vorangetrieben und Heinrich der Löwe stattete „seine" Stiftskirche mit Kunstschätzen aus: Sowohl der Marienaltar mit Reliquienbehältnis (1188) als auch der siebenarmige Bronzeleuchter (um 1170–1190) sind auf ihn zurückzuführen und befinden sich noch heute im Dom.

Als Mathilde von England 1189 überraschend verstarb, kehrte Heinrich der Löwe aus dem Exil zurück und ließ seine Ehefrau in der Stiftskirche bestatten. Zu diesem Zeitpunkt befand sich die Kirche noch mitten im Bau. Zumindest der Hohe Chor mit dem bereits geweihten Marienaltar war fertiggestellt und machte die Kirche zu einer würdevollen Ruhestätte. 1195 starb Heinrich der Löwe und wurde neben seiner Frau beigesetzt. Ebenfalls in der Stiftskirche begraben liegen Kaiser Otto IV. († 1218), Sohn Heinrichs des Löwen, und seine Ehefrau Beatrix, die bereits drei Wochen nach der Hochzeit im Alter von nur 14 Jahren verstarb († 1212). In der Folge nutzten die Welfen die Kirche erst seit dem 17. Jh. wieder als Grablege, sodass heute in der Gruft des Doms 25 Sarkophage ruhen.

Der Abschluss der ersten Bauphase des Doms wird für das Jahr 1226 vermutet, als die Domweihe stattfand. In den folgenden Jahrhunderten wurde der Dom vielfach erweitert und umgebaut. Während Braunschweigs Innenstadt im Zweiten Weltkrieg in Schutt und Asche lag, überstand der Dom die Kriegsjahre nahezu unversehrt – ein echtes Wunder. Täglich um 17 Uhr findet eine kurze Andacht statt, zu der jedermann herzlich willkommen ist. Verpassen Sie nicht das zehnminütige Glockengeläut vor der Andacht. Es gehört mit seinen zwölf jahrhundertealten Glocken zu den bedeutendsten Deutschlands.

◄ Mehrmals im Jahr findet der Blumenmarkt im Schatten des Doms statt

DOM ST. BLASII

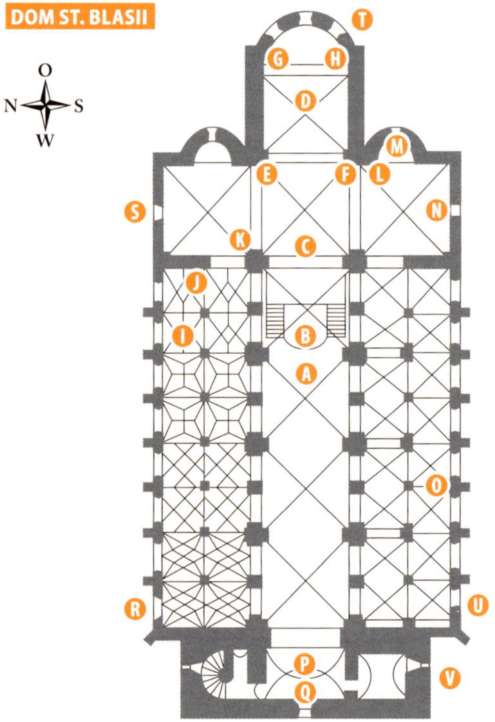

- **A** Grabmal von Heinrich dem Löwen und Mathilde von England S. 31
- **B** Marienaltar (Weihe 1188) S. 31
- **C** Siebenarmiger Leuchter S. 33
- **D** Secco-Malerei S. 33
- **E** Bischofsfigur (um 1370)
- **F** Fürstenfigur (um 1270/80)
- **G** Kirchenpatron Johannes der Täufer (um 1500)
- **H** Kirchenpatron Bischof Blasius (um 1500)
- **I** Kalkstein-Taufe (11. Jh.)
- **J** Imervard-Kreuz S. 33
- **K** Renaissancegitter (um 1570), Zugang Krypta und Stiftergruft S. 36
- **L** Christus im Elend (um 1460)
- **M** Passionssäule (um 1460)
- **N** Renaissancegitter (um 1570) Zugang Chorsaal
- **O** Stifterfiguren Otto d. Milde (1344) und Agnes v. Brandenburg (1334)
- **P** Schuke/Späth-Orgel (1962)
- **Q** Radfenster „Jüngste Gericht" (1982)
- **R** Hauptportal, Stifter Domherr Quirre (1469)
- **S** Löwenportal, mit Kratzspuren (Ende 12. Jh.) S. 37
- **T** Kanonenkugel (1615) S. 37
- **U** Bath-Abbey-Portal, darüber Sonnenuhr (1518)
- **V** Tafelsonnenuhr (1716)

Weithin sichtbar überragt der Dom die Altstadt

Grabmal Zentral inmitten der Kirche befindet sich das Grabmal von Heinrich dem Löwen (†1195) und seiner Ehefrau Mathilde von England (†1189). Es ist das erste erhaltene mittelalterliche Doppelgrabmal eines Ehepaares auf deutschem Boden. Auffällig an den Figuren ist deren idealisierte Darstellung: Beide scheinen etwa gleichaltrig zu sein, wobei Heinrich der Löwe in Wirklichkeit etwa 25 Jahre älter war als seine Frau. Der Schöpfer hat also beide Figuren „in ihren besten Jahren" dargestellt. Der Blick des Ehepaares ist gen Osten gerichtet. Heinrich der Löwe hält in seiner rechten Hand ein Modell des von ihm gestifteten Doms. In seiner Linken befindet sich ein Schwert, welches als Zeichen seiner fürstlichen Herkunft und Gerichtsbarkeit gedeutet wird. Mathilde von England trägt einen Reif um den Kopf, der auf ihre königliche Abstammung verweist. Die Hände hat sie zum Gebet gefaltet, sie wird als fromme Frau in Erinnerung behalten. Das Grabmal ist erst einige Jahre nach dem Tod der Eheleute entstanden, man vermutet um 1235.

Marienaltar Der 1188 geweihte Marienaltar besteht aus einer 450 Kilogramm schweren Altarplatte aus grauschwarzem Marmor, die auf fünf Bronzesäulen ruht. In die vier Ecksäulen wurden Adler zur Verzierung eingearbeitet, die die wuchtige Steinplatte mithilfe ihrer Flügel scheinbar mühelos tragen. Die mittlere Säule hingegen wurde mit Blattwerk geschmückt. In dieser Säule hat man einen bleiernen Reliquienbehälter entdeckt, der dort bereits zur Weihe eingelegt wurde. Er beinhaltet

Teile des berühmten Welfenschatzes. Die in den Deckel eingravierte Inschrift benennt neben dem Weihedatum auch das Herzogspaar Heinrich und Mathilde als Stifter des Altars sowie Bischof Adelog, der die Weihe durchführte.

Siebenarmiger Leuchter Nicht zu übersehen ist der siebenarmige Bronzeleuchter in exponierter Lage, den ebenfalls Heinrich der Löwe stiftete. Es gilt als gesichert, dass der 400 Kilogramm schwere Leuchter vor dem Jahr 1196 aufgestellt wurde, denn in einer Stiftungsurkunde dieses Jahres verpflichtet sich Ludolf von Volkmarode, für die Kerzen des Leuchters zu sorgen. Höchstwahrscheinlich stammt er aus der gleichen Bronzegießerwerkstatt wie der Marienaltar.

Mit seiner Höhe von knapp fünf Metern und einer Spannweite von über vier Metern stand er früher imposant in direkter Nachbarschaft zum Grabmal Heinrichs des Löwen und seiner Ehefrau. Auf diese Weise erfüllte er nicht nur die Funktion eines Totenleuchters, er steckte gleichzeitig voller religiöser Symbolik: Mit seinen sieben Armen erinnert er an die jüdische Menora (hebräische Bezeichnung für Leuchter), eines der wichtigsten Symbole des Judentums. Mittelalterliche Theologen interpretierten den siebenarmigen Leuchter im christlichen Sinne als Lebensbaum, der für die Auferstehung und das ewige Leben steht. Auch die Zahl Sieben bietet Raum für vielfältige Interpretationen: Sie verweist z.B. auf die sieben Tage der Schöpfung und die sieben Gaben des Heiligen Geistes.

◀ Blick in ein Seitenschiff des Doms

Imervard-Kreuz „Imervard me fecit" – Imervard hat mich geschaffen. So lautet die Inschrift der aus Eichenholz geschnitzten Holzskulptur, die Jesus Christus am Kreuz zeigt. Niemand weiß heute, wer Meister Imervard war oder woher er kam. Einigermaßen gesichert ist lediglich die Entstehung um 1150.

Das Kreuz wird als Volto-Santo-Kreuz eingeordnet, Bezug nehmend auf das Volto-Santo-Kruzifix im Dom der italienischen Stadt Lucca, das wohl als Vorbild hergehalten hat. Dabei wird Christus nicht als leidend und gequält dargestellt, sondern er schwebt geradezu triumphierend vor dem Kreuz. Besonders spannend: Im Hinterkopf der Figur befindet sich ein Hohlraum, der mit einem kleinen Schiebedeckel verschlossen wird. Hier befanden sich 30 Reliquien, die erst 1881 wiederentdeckt und anschließend im Reliquiengefäß des Marienaltars untergebracht wurden, wo sie sich heute noch befinden.

Wandmalereien 1845 entdeckte man im Zuge von Renovierungsarbeiten mittelalterliche Malereien.

WELFENGRUFT

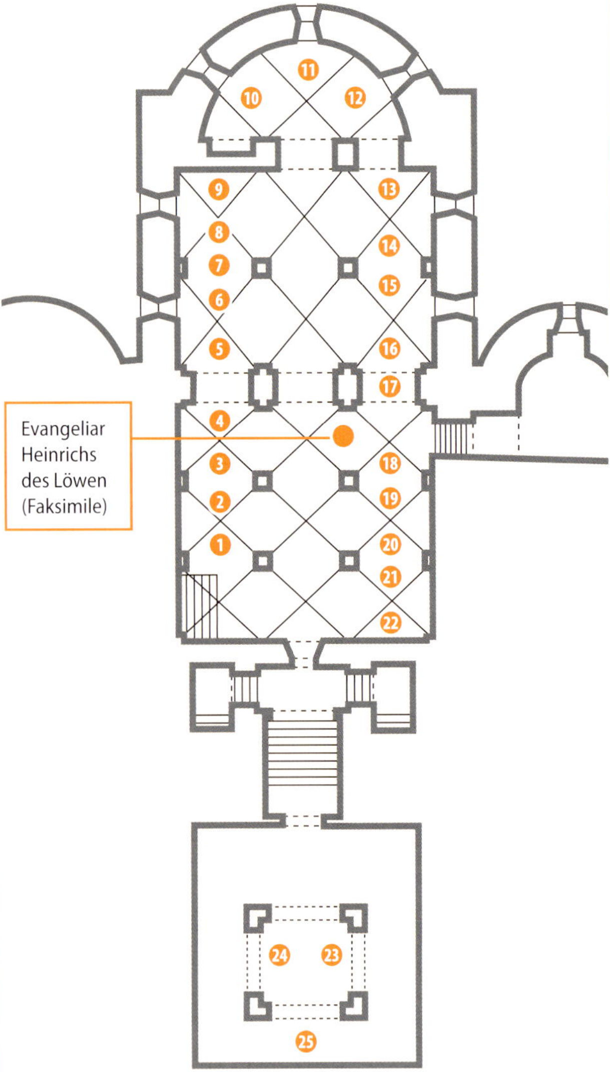

1 Ferdinand Albrecht I. (1636–1687), residierte von 1667–1687 in Bevern, verheiratet mit (2)
2 Christine (1646–1702), Tochter des Landgrafen Friedrich von Hessen-Eschwege
3 Ferdinand Christian (1682–1708), Propst von St. Blasii und St. Cyriaci
4 Friedrich Georg (1723–1766), Domherr in Lübeck
5 Heinrich Ferdinand (1684–1706), Oberleutnant
6 August Ferdinand (1677–1704), Generalmajor
7 Wilhelm (1806–1884), Sohn von (11)
8 Karoline Amalie Elisabeth (1768–1821), Schwester des „Schwarzen Herzogs" (11), verheiratet mit König Georg IV. von England
9 Albrecht (1725–1745), Preußischer Generalmajor
10 Ferdinand (1721–1792), Preußischer Feldmarschall
11 Friedrich Wilhelm (1771–1815), genannt „Schwarzer Herzog", Sohn von (12)
12 Karl Wilhelm Ferdinand (1735–1806) verheiratet mit Prinzessin Auguste v. England
13 Elenore Charlotte (1686–1748), Tochter des Herzogs Friedrich Kasimir von Curland
14 Ernst Ferdinand (1682–1746), Propst von St. Blasii und St. Cyriaci, verheiratet mit (13)
15 Ludwig Ernst (1718–1788), Reichsgeneralfeldmarschall, General-Kapitän der Niederlande
16 Friedrich Franz (1732–1758), Preußischer Generalmajor
17 Friedrich Wilhelm (1731–1732)
18 Leopold (1752–1785), Preußischer Generalmajor
19 Philippine Charlotte (1716–1801), Schwester Friedrich des Großen
20 Karl I. (1713–1780), regierte ab 1735, verheiratet mit (19)
21 Ferdinand Albrecht II. (1680-1735), Kaiserlicher Generalfeldzeugmeister und Reichsfeldmarschall, verheiratet mit (22)
22 Antoinette-Amalie (1696–1762), jüngste Tochter von Herzog Ludwig Rudolf
23 Heinrich der Löwe (1129–1195), Herzog von Sachsen und Bayern, verheiratet mit (24), Erbauer des Braunschweiger Doms
24 Mathilde von England (1156–1189), Tochter des englischen Königs Heinrich II.
25 Sarkophag der Brunonen
- Markgräfin Gertrud (gestorben 1077), Gründerin der ersten Stiftskirche, 1030
- Markgraf Ekkbert II. (gestorben 1090)
- Gräfin Gertrud (gestorben 1117), Schwester Ekkberts II., Gründerin von St. Aegidien, Urgroßmutter Heinrichs des Löwen

Der Siebenarmige Leuchter wurde ebenfalls von Heinrich dem Löwen gestiftet

Sie wurden freigelegt, abgepaust und im Anschluss restauriert. Allerdings herrschte zur damaligen Zeit die Auffassung, man könnte die Rekonstruktion teilweise eher „frei" gestalten, sodass wahrscheinlich an manchen Stellen Änderungen vorgenommen wurden. Der Originalzustand aus der zweiten Hälfte des 13. Jh.s lässt sich am besten im südlichen Querhausarm begutachten. Hier machte sich der Restaurator Fritz Herzig ab 1954 die Mühe, Stück für Stück den ursprünglichen Zustand wiederherzustellen.

Welfengruft Zur Krypta, in der sich die Grablege der welfischen Fürsten befindet, geht es nur wenige Stufen in die Tiefe. Für manche mag dies ein gruseliger Ort sein, denn es riecht abgestanden und im Dämmerlicht reihen sich die Toten aneinander. Andere jedoch bewundern die kunstvoll verzierten Särge, die viel welfische Prominenz auf engstem Raum beherbergen. So fanden hier beispielsweise der „Schwarze Herzog" Friedrich Wilhelm († 1815), einer der bekanntesten deutschen Heerführer in den Befreiungskriegen gegen Napoleon, sowie Philippine Charlotte († 1801), Schwester Friedrichs des Großen, ihre letzte Ruhe.

In einem separaten Raum, einige Stufen weiter hinab, wurde 1935 von den Nationalsozialisten eine Gruft zu Ehren Heinrichs des Löwen angelegt, den sie für ihre politischen Zwecke instrumentalisierten. Sie ließen es sich in diesem Zuge nicht nehmen, seine Grabstätte zu öffnen, hoben die Gebeine aus und untersuchten sie. Inzwischen weiß man, dass es sich bei den angeblichen Überresten Heinrichs des Löwen um die seiner Frau Mathilde handelte. Seine eigenen Gebeine befanden sich höchstwahrscheinlich in einem Ledersack, der neben dem Skelett lag.

Heute brennt stets eine Kerze in der Nebengruft, in der nun Kirchenstifter Heinrich der Löwe, seine Ehefrau Mathilde sowie die Brunonen Markgräfin Gertrud († 1077), Markgraf Ekkbert († 1090) und dessen Schwester Gertrud, die Urgroßmutter Heinrichs des Löwen († 1117), ruhen.

Burgplatz 5 • www.braunschweiger-dom.de • Jan.–März Mo.–So. 10–13/15–17 Uhr, Apr.–Dez. Mo.–So. 10–17

Uhr • Kein Zutritt während laufender Veranstaltungen und Gottesdiensten

Kratzspuren am Löwenportal Außerhalb des Doms, am kleinen Löwenportal, das sich in der Nähe des Übergangs zur Burg befindet, sehen Sie tiefe Kratzspuren im Mauerwerk. Drei Legenden ranken sich um die Entstehung dieser Furchen. Die erste Geschichte berichtet davon, dass Heinrich der Löwe auf einer seiner Reisen einen Löwen beobachtete, der verzweifelt gegen einen Drachen kämpfte. Heinrich schritt tapfer in das Gefecht ein und tötete den Drachen. Der dankbare Löwe folgte ihm nach Braunschweig und wich nicht mehr von seiner Seite. Als sein Herr starb, wurde dieser im Dom bestattet. Der Löwe wollte jedoch nicht ohne seinen Herren sein und kratzte am Portal, um zu ihm zu gelangen.

Eine zweite Erklärung besagt, dass Soldaten, die sich auf dem Burgplatz versammelten um in den Krieg zu ziehen, hier ihre Schwerter schärften. Wer auch dies nicht glauben mag, kann sich vielleicht mit der dritten Variante anfreunden: Sankt Blasius, dem der Dom geweiht ist, ist seit dem Spätmittelalter der Schutzpatron der Ärzte und Kranken. Darum glaubte man, dass das Mauerwerk des Doms eine besondere Heilkraft habe. Man kratzte etwas von den Steinen ab, vermischte das Pulver mit Wasser und trank die Mischung, um gesund zu bleiben.

Kanonenkugel In der Ostseite des Doms, direkt an der Münzstraße unter den großen Fenstern, steckt noch eine Kanonenkugel im Mauerwerk. Man vermutet, dass diese aus einem Angriff auf die Stadt durch Herzog Friedrich Ulrich im 17. Jh. stammt.

5 VON VELTHEIMSCHES HAUS

S. 24

Das adelige Stadthaus der Familie von Veltheim stammt aus dem Jahr 1573 und ist somit das zweitälteste Gebäude auf dem Burgplatz. Beachtenswert ist der mehrgeschossige Vorsprung des Hauses, der mit Fenstern versehen ist. Dieser hat den Damen als praktischer Ausguck auf den belebten Burgplatz gedient. Heute wird das Gebäude von der Handwerkskammer genutzt.

Burgplatz 2

6 HUNEBORSTELSCHES HAUS

S. 24

Rechts an das Von Veltheimsche Haus schmiegt sich das Huneborstelsche Haus. Ursprünglich ließ der Stadtkämmerer Friedrich Huneborstel sein Haus 1524 auf dem Grundstück Sack 5 errichten, mitten in der heutigen Fußgängerzone, wo nun die Einkaufsgalerie „City Point" zu finden ist. 1901 wurde das Haus abgerissen. Die Stadt Braunschweig konnte jedoch die mit kunstvollem Schnitzwerk verzierte Fassade des Hauses sowie dessen Dachstuhl retten und brachte diese an einen Neu-

bau auf dem Burgplatz an, dem heutigen Huneborstelschen Haus.
Burgplatz 2 A

7 SÄULE 2000 JAHRE CHRISTENTUM

S. 24

Die vom Künstler Jürgen Weber gefertigte Monumentalsäule thematisiert verschiedene Stationen des Christentums, von der Geburt Jesus Christus über die 95 Thesen Martin Luthers bis hin zum Anschlag auf das World Trade Center am 11. September 2001. Den Säulenabschluss bilden die Symbole der drei Weltreligionen Christentum, Islam und Judentum eingefasst in Ringe. Diese Ringe beziehen sich auf Lessings Ringparabel aus dem Drama „Nathan der Weise", mit der er für Toleranz warb und alle Religionen als „gleich gut" darstellte. In Auftrag gegeben wurde die Säule im Jahr 1999. Es sollten jedoch sieben Jahre bis zur endgültigen Fertigstellung und Aufstellung vergehen.
Ruhfäutchenplatz 1

8 RATHAUS

S. 24

ENTDECKER-TIPP

Gleich gegenüber auf der anderen Straßenseite befindet sich das „neue" Braunschweiger Rathaus. Es wurde zwischen 1894 und 1900 im neugotischen Stil erbaut. Die Formensprache orientiert sich dabei an einem idealisierten Bild des Mittelalters. Direkt über dem Eingangsbereich befinden sich vier Figuren, welche Wissenschaft, Kunst, Handwerk und Handel verkörpern. Der Rathausturm ist 61 Meter hoch und kann über 161 Stufen erklom-

TIPP In den Sommermonaten bietet das Staatstheater einen besonderen Augen- und Ohrenschmaus: Der Burgplatz wird zur Opernbühne! Auf höchstem Niveau wird alljährlich eine Oper inszeniert, die dann über mehrere Wochen hinweg auf der 1.200 Zuschauer fassenden Open-Air-Bühne gezeigt wird. Ob „Der fliegende Holländer", „Madama Butterfly" oder „Turandot" – die Emotionen der Oper gepaart mit der historischen Kulisse des Burgplatzes ergeben ein einzigartiges Ambiente. Die Beschallungsanlage ist exzellent, und aufgrund der ansteigenden Arena hat man jederzeit gute Sicht.
Wenn Sie also ein Opernfreund sind, sollten Sie sich unbedingt Karten sichern. Die Aufführungen sind über die Region hinaus bekannt und häufig ausverkauft. Tickets erhalten Sie in der Touristinfo oder direkt im Staatstheater. Sie müssen übrigens nicht im feinsten Zwirn erscheinen. Die Oper unter freiem Himmel kann man auch problemlos „in Zivil" genießen.
Einziger Wermutstropfen: Falls es während der Vorstellung zu heftig regnet, kann sie unter Umständen abgebrochen werden. Das wird dann notwendig, wenn die Akteure, die wie die Zuschauer auch ohne Dach auskommen müssen, zu sehr vom Regen eingeschränkt werden. Aber Open Air heißt schließlich Wetter-Roulette.

Der 61 Meter hohe Rathausturm bietet eine schöne Aussicht über die Stadt

men werden. Sie sollten bloß schwindelfrei sein, wenn Sie sich an den Aufstieg wagen, und nicht vor engen, steilen Wendeltreppen zurückschrecken. Der Aufstieg ist kostenfrei, man muss sich lediglich beim Pförtner des Rathauses anmelden, der dann die Tür zur Turmtreppe öffnet. Die Mühe wird mit einer grandiosen Aussicht belohnt. Der Burgplatz mit seinen altertümlichen Bauten erscheint aus der Vogelperspektive geradezu unwirklich und auch die Quadriga des Schlosses sieht von hier beeindruckend aus.

Platz der Deutschen Einheit 1 • Turmbesteigung Mo.–Fr. 9–15 Uhr

9 MAUERREST S. 24

Vor dem Rathaus befindet sich der Platz der Deutschen Einheit. Der Name ist Programm, denn hier wurde ein Stück der Berliner Mauer aufgestellt.

10 STIFTSHERREN-HÄUSER S. 24

Diese Fachwerkhäuser, die um 1500 erbaut wurden, waren für die Stiftsherren von St. Blasii da, die zumeist am herzoglichen Hof wichtige Aufgaben wahrnahmen. Gegenüber den Stiftsherrenhäusern steht ein weiteres Fachwerkhaus (Kleine Burg 11). Man vermutet, dass dieses Haus in Jahre 1490 erbaut wurde, und bezieht sich dabei auf eine Inschrift, die über den Fenstern des ersten Stocks angebracht wurde. Die zweite Zahl sieht für unsere Augen merkwürdig aus, wie eine halbe Schleife – also eine halbe Acht. Diese symbolisiert höchstwahrscheinlich die Zahl Vier.

Kleine Burg 2–4

SCHLOSS, MAGNI- UND AEGIDIENVIERTEL

Das Magniviertel gehört zu den ältesten Ansiedlungen, aus denen später die Stadt Braunschweig hervorging. Heute lädt das Quartier mit seinen engen Straßen und verschrobenen Fachwerkhäusern zum gemütlichen Bummeln ein. Auch im ruhigen Aegidienviertel scheint die Zeit stehen geblieben zu sein. Einen krassen Gegensatz dazu bietet das wiederaufgebaute Residenzschloss, in dem das Leben tobt.

siehe große Karte S. 42/43

SEHENSWERTES

Residenzschloss mit Quadriga Neubau aus dem Jahr 2007 an der Stelle des welfischen Residenzschlosses. S. 44 1

Happy Rizzi House Gebäude mit farbenfroher Fassade, die vom New Yorker Künstler James Rizzi gestaltet wurde. S. 49 4

Kloster St. Aegidien & Jüdisches Museum Mit erhaltener Inneneinrichtung einer Synagoge aus dem Braunschweiger Umland. S. 53 10

GASTRONOMIE

Anders Pfannenrestaurant mit gutbürgerlicher Küche. S. 116 9

Café Strupait Schönes Flair in den Räumlichkeiten einer alten Apotheke. S. 118 20

Das Happy Rizzi House befindet sich nur einen Steinwurf vom Schloss entfernt

Tiziano Hier gibt es die größte Eisauswahl der Stadt. S. 118 23

EINKAUFEN

Afghan Warehouse Accessoires, Kleidungsstücke und Einrichtungsgegenstände. S. 123 1

Schloss-Arkaden Im Residenzschloss sind rund 150 Geschäfte untergebracht. S. 125 22

ÜBERNACHTUNG

Magni Boutique Hotel Schlafen in historischem Fachwerk. S. 127 4

KULTUR UND FREIZEIT

Schlossmuseum Ausstellung von Objekten, die zur Innenausstattung des alten Residenzschlosses gehörten. S. 131 6

Städtisches Museum, Haus am Löwenwall Malerei- und Grafiksammlung des 19. Jh.s, Sammlung von Musikinstrumenten, Waffen, Münzen und Medaillen. S. 132 7

Dankwardstr.
Ritterbrunnen
Dom
Schloss-
platz
Georg-Eckert-
Münzstraße
Ölschlägern
rich-Wilhelm-Str.
Ritterstr.
Leopoldstr.
Ägidien-
markt
Kuhstr.
Klint
Mönchstr.
Löwenw
Str.
Lessing-
platz
John-F.-
Kennedy-
Platz
August-
torwall
Stadtbad
24
22
1
23
16
1
2
6
3
4
5
6
1
20
12
9
17
1
3
9
10
12
11

SEHENSWERTES

1 Residenzschloss mit Quadriga S. 44
2 Schlossmuseum S. 47
3 Reiterstandbilder S. 48
4 Happy Rizzi House S. 49
5 Hinter der Magnikirche S. 49
6 Kirche St. Magni S. 50
7 Herrendorftwete S. 50
8 Löwenwall mit Obelisk S. 52
9 Kirche St. Aegidien S. 52
10 Kloster St. Aegidien & Jüdisches Museum S. 53
11 Lessingdenkmal S. 55
12 Geburtshaus von Louis Spohr S. 55

GASTRONOMIE

1 Heimbs Café im Schloss S. 115
9 Anders S. 116
20 Café Strupait S. 118
23 Tiziano S. 118
24 X-Trend S. 118

EINKAUFEN

1 Afghan Warehouse S. 123
9 Haus Dänemark S. 124
12 Krambambuli S. 124
16 Musikalien Bartels S. 124
17 My little secrets S. 124
20 raum 23 S. 125
22 Schloss-Arkaden S. 125

ÜBERNACHTUNG

1 Best Western Hotel StadtPalais S. 127
3 pentahotel S. 127
4 Magni Boutique Hotel S. 127

KULTUR UND FREIZEIT

6 Schlossmuseum S. 131
7 Städtisches Museum, Haus am Löwenwall S. 132

1 RESIDENZSCHLOSS MIT QUADRIGA

S. 42

TOP-TIPP

Das heutige Schlossgebäude existiert erst seit 2007. Es bildet den Zugang zu den Braunschweiger „Schloss-Arkaden", einem Shoppingcenter mit über 150 Läden. Das Schloss selbst beherbergt die Stadtbibliothek (im Südflügel), das Kulturinstitut, das Stadtarchiv und das Schlossmuseum (im Nordflügel). Ursprünglich hatte an dieser Stelle das Residenzschloss der Welfen gestanden.

Obwohl das neue Schlossgebäude erst wenige Jahre Teil des Stadtbilds ist, ist es nicht mehr aus Braunschweig wegzudenken. Es hat sich nicht nur zum zentralen Treffpunkt für die Braunschweiger Jugend entwickelt, sondern lockt Shoppinglustige von nah und fern an.

Seit Oktober 2008 befindet sich die Quadriga, zu deutsch „Viergespann", auf dem Portikus des Schlosses – eine exakte Nachbildung der Quadriga, die ab 1863 auf dem damaligen Residenzschloss thronte. Sie zeigt Brunonia, die Schutzgöttin des Herzogtums, mit ihrem Streitwagen, vor den vier Pferde gespannt sind. In ihrer rechten Hand hält sie ein Feldzeichen mit Lorbeerkranz, auf dem ein „W" für „Wilhelm" zu lesen ist.

Angefertigt wurde die Quadriga in einer spezialisierten Bronzekunstgießerei in Polen, basierend auf

Auf dem Braunschweiger Schloss befindet sich die größte Quadriga Europas

DAS BRAUNSCHWEIGER SCHLOSS

Die Braunschweiger und ihr Schloss – das ist eine Geschichte für sich. Schon seit Jahrzehnten sorgt das Thema Residenzschloss in der Stadt für heiße Diskussionen. In den 1960ern erregte der Abriss der Schlossruine die Gemüter, im neuen Jahrtausend formierte sich dann eine kämpferische Front gegen den Wiederaufbau des Schlosses als „Konsumtempel". Doch fangen wir von vorn an:

Nachdem die alte, herzogliche Residenz 1830 einem Feuer zum Opfer gefallen war (eine wütende Volksmenge hatte den verschwenderischen Herzog Karl II. aus Braunschweig vertrieben und sein Schloss angezündet), ließ sein Bruder Herzog Wilhelm nur drei Jahre später ein neues Residenzschloss erbauen. Hofbaurat Carl-Theodor Ottmer plante das Schloss im klassizistischen Stil, wobei im Nordflügel die herzoglichen Privatgemächer untergebracht wurden, im Haupt- und Südflügel fanden die Repräsentationsräume Platz. Während die privaten Räumlichkeiten schon 1837 bezugsfertig waren, sollten noch vier weitere Jahre vergehen, bis man die gesamte Fertigstellung des Residenzschlosses feiern konnte. Das Schloss glänzte jedoch nicht nur architektonisch, auch die Innenausstattung war prächtig.

Die letzten herzoglichen Bewohner des Schlosses waren Ernst August und Kaisertochter Victoria Luise, die 1918 abdankten. Daraufhin zogen verschiedene öffentliche Einrichtungen in das Residenzschloss ein, so die Landessteuerstelle und das naturhistorische Museum. 1935 richteten die Nazis eine SS-Junkerschule ein. Im Zweiten Weltkrieg wurde das Residenzschloss schließlich stark beschädigt. Jahrelang wusste niemand, was mit der Ruine geschehen sollte. 1959 stimmte der Rat dann über die Zukunft des Schlosses ab. Mit nur zwei Stimmen Mehrheit wurde für den Abriss gestimmt, was zahlreiche wütende Proteste zur Folge hatte. Die Braunschweiger wollten ihr Schloss behalten! Der Abbruch begann 1960. Glücklicherweise entschied man damals, intakte Bauteile des Schlosses, beispielsweise Säulen und Kapitelle, einzulagern.

Diese Entscheidung sollte sich knapp 45 Jahre später als goldrichtig erweisen. Ein Großinvestor wollte an der Stelle, an der das Residenzschloss gestanden hatte, ein Einkaufszentrum errichten. Der Braunschweiger Rat stimmte im Jahr 2004 dem Projekt zu – mit nur einer Stimme Mehrheit. Dabei stellte man einige Bedingungen: In Blickrichtung zur Innenstadt sollten die Fassaden des ehemaligen Schlosses rekonstruiert werden, und zwar unter Einhaltung der authentischen Maße. Außerdem mussten die erhaltenen Originalbauteile in den Neubau integriert werden. Hatten in den 1960ern viele Braunschweiger noch gegen den Abriss gekämpft, so protestierte man heute gegen den Neubau. Die einen wollten den Schlosspark erhalten, der sich auf dem Gebiet des ehemaligen Residenzschlosses befand. Die anderen befürchteten, dass die Fußgängerzone an Attraktivität verlöre, wodurch der ansässige Einzelhandel Umsatzeinbußen erleiden würde.

Allen Unkenrufen zum Trotz erfolgte der erste Spatenstich im Jahr 2005, die Eröffnung fand zwei Jahre später statt. Heute lockt das Schloss Besucher aus einem großen Umkreis an.

SOIT QUI MAL Y

einem Gipsmodell des Originals, das sich in der Dresdener Skulpturensammlung Albertinum befindet. Mit ihren Maßen (9 m hoch, 7,5 m breit, 9,5 m lang) ist sie die größte Quadriga Europas. Die Arbeiten an dem 25,8 Tonnen schweren Viergespann nahmen mehrere Jahre in Anspruch, bis die neue Quadriga schlussendlich im Oktober 2008 in die Lüfte stieg.

Aus der Nähe betrachten können Sie die Quadriga über eine Besucherplattform. Der Aufstieg befindet sich rechts vom Portikus. Es steht zwar ein Fahrstuhl zur Verfügung, dieser endet jedoch vor Erreichen der Plattform. 48 Stufen müssen Aussichtssuchende in jedem Fall bewältigen. Vergessen Sie nicht, sich im Erdgeschoss am Ticketautomaten eine Eintrittskarte zu ziehen, sonst können Sie die Besucherplattform nicht betreten!

Schlossplatz 1 • Okt.–März 10–16.30 Uhr, Apr.–Sept. 10–20 Uhr

2 SCHLOSSMUSEUM S. 42

Mit viel Liebe zum Detail feilte man über mehrere Jahre hinweg an einem Konzept für ein Schlossmuseum, bis es schließlich im April 2011 feierlich eingeweiht wurde. Das 600 Quadratmeter große Museum, das sich im Nordflügel des Residenzschlosses befindet, beherbergt nicht nur „irgendwelche" historischen Gegenstände. Es werden ausschließlich Objekte präsentiert, die zur Innenausstattung des alten Residenzschlosses gehörten, darunter Möbel und Gemälde. Daneben legten die Macher des Museums sehr viel Wert auf eine originalgetreue Raumgestaltung. In mühevoller Kleinarbeit wurden vorhandene Fotos und Schriftstücke ausgewertet, um eine möglichst exakte Rekonstruktion zu gewährleisten. Glanzstück des Museums ist der Thronsaal, dessen kunstvolle Seidentapete auf Basis eines erhaltenen Musters nachgewebt werden konnte. Hierfür beauftragte man eine Manufaktur in Lyon, die ein wahres Wunder vollbracht hat.

So präsentiert sich das Museum als Gesamtkunstwerk, das Spaß macht. Wer durch die Räume des Museums schreitet, kann nachfühlen, wie das Leben am Hof aussah: vom Spiel- und Musikzimmer, in dem sich die Hofleute zu privaten Würfel- und Kartenspielen trafen, über das Arbeitszimmer sowie das Audienzzimmer bis hin zum Höhepunkt, dem Thronsaal, mit dem Originalthron Herzog Wilhelms. Zwei weitere Säle informieren mithilfe von Bildschirmen und Wandtafeln über die Geschichte des Schlosses und seiner Herzöge.

Im günstigen Eintrittspreis ist schon eine Audioguide-Führung enthalten, die Ihnen die wichtigsten Ausstellungsstücke erläutert. Dazu gehören unter anderen im Spiel- und Musikzimmer der Hammerflügel von Conrad Graf aus Wien (eines der wertvollsten Stü-

◀ Der prächtige Thronsaal im Schlossmuseum

cke aus dem alten Schloss) und im Arbeitszimmer der Tisch auf Löwentatzen. Im Thronsaal beeindrucken der Thronsessel, der 1881 anlässlich des 50. Regierungsjubiläums für Herzog Wilhelm angefertigt wurde und die wertvolle Wandbespannung aus Lyoner Seidendamast. Im Audienzzimmer findet sich ein sehenswertes teilvergoldetes Möbelensemble.

Die Kosten für den Innenausbau und die Einrichtung des Museums beliefen sich übrigens auf gut drei Millionen Euro, wovon rund zwei Drittel von Sponsoren und Förderern zur Verfügung gestellt wurden – ein weiterer Beweis dafür, wie viel den Braunschweigern an ihrem Schloss und dessen Geschichte gelegen ist.

Schlossplatz 1 • Tel.: 0531 4704876 • www.braunschweig.de/schlossmuseum • Di. 10–17 Uhr, Mi. 13–20 Uhr, Do.–So. 10–17 Uhr •

3 REITER-STANDBILDER S. 42

Vor dem Schloss befinden sich zwei Reiterstandbilder. Sie zeigen Carl Wilhelm Ferdinand (1735–1806) und seinen Sohn Friedrich Wilhelm (1771–1815), Herzöge zu Braunschweig und Lüneburg. Die Standbilder waren 1874 vor dem ehemaligen Residenzschloss aufgestellt worden, hatten seit Abriss des alten Schlosses an anderer Stelle gestanden (in der Kurt-Schuhmacher-Straße) und sind schließlich 2007 an ihren ursprünglichen Platz zurückgekehrt.

Carl Wilhelm Ferdinand, dessen Ehefrau den Bau des Schlosses Richmond veranlasst hatte (S. 80), war preußischer Feldmarschall. Schließlich entschied auch seine Liebe zum Militär über sein Leben: In der Schlacht bei Jena und Auerstedt/Hassenhausen wurde er so schwer verwundet, dass er schließlich an seinen Verletzungen starb.

Sein jüngster Sohn Friedrich Wilhelm, der wie sein Vater militärisch aktiv war und an der Schlacht teilgenommen hatte, war als Thronfolger bestimmt. Allerdings konnte er sein Erbe nicht geradewegs antreten, da er in französische Kriegsgefangenschaft geriet. 1807, im Rahmen des Friedens von Tilsit, wurde sein Herzogtum dem neu geschaffenen Königreich Westphalen zugesprochen, das von Napoleons Bruder Jérôme regiert wurde.

Daraufhin entwickelte sich Friedrich Wilhelm zu einem der bekanntesten Freischarführer in den Befreiungskriegen gegen Napoleon. In diesem Zusammenhang erwarb er sich seinen Beinamen „Schwarzer Herzog“, der sich auf die schwarze Uniform seines Freikorps, geschmückt mit dem Abbild eines schwarzen Adlers auf einem Bruststern, bezieht.

Am 16. Juni 1815, zwei Tage vor Napoleons Niederlage bei Waterloo, wurde Friedrich Wilhelm in der Schlacht bei Quatre-Bras in Belgien erschossen.

Schlossplatz

Bunter geht's nicht: das Happy Rizzi House fällt ins Auge

4 HAPPY RIZZI HOUSE

S. 42

TOP-TIPP

Absolut nicht zu übersehen ist das farbenfrohe Happy Rizzi House, von der Innenstadt gesehen rechts hinter dem Schloss gelegen. Entworfen wurde das Fassaden- und Raumkonzept des Gebäudes vom inzwischen verstorbenen New Yorker Künstler James Rizzi, der für seine kindlich-naiven, bunten Pop-Art-Gestaltungen bekannt ist. Das fünfgeschossige Haus wurde im Jahr 2001 gebaut und hat in Braunschweig für kontroverse Diskussionen gesorgt. Viele Bürger sind der Meinung, das Haus „passe hier nicht rein" und sei am Rande des mittelalterlichen Magniviertels völlig fehl am Platze. Letztendlich ist es wohl eine reine Geschmacksfrage, wie man zum Rizzi-Haus steht. Sehenswert ist es mit seiner fröhlichen Fassade allemal. Das Haus selbst ist nicht begehbar.

Ackerhof 4

5 HINTER DER MAGNIKIRCHE

S. 42

TOP-TIPP

Altes Fachwerk umrandet den Platz und strahlt würdevolle Ruhe aus. Die meisten Häuser, die Sie hier sehen, standen ursprünglich an anderer Stelle in der Stadt und wurden Stück für Stück hierhin versetzt. So beispielsweise die Hausnummer 1, gebaut um 1500, die früher in der Straße Ölschlägern ihr Zuhause hatte. Hier befindet sich auch das „Haus Drei", eine Spielstätte des Staatstheaters mit nur 80 Plätzen. Nehmen Sie sich Zeit und studieren Sie die sehenswerten Fassaden der Häuser, z.B. der Hausnummer 4 mit ihren gotischen Balkenköpfen und Spruchbalken.

Hinter der Magnikirche

6 KIRCHE ST. MAGNI S. 42

Namensgeberin des Viertels ist die Magnikirche, die urkundlich belegt im Jahr 1031 zu Ehren des heiligen Magnus geweiht wurde. Von dem Kirchenbau sind nur die alten Grundmauern erhalten geblieben, sodass man den Umfang der mittelalterlichen Kirche genau bestimmen kann. Im Laufe der Jahrhunderte wurde die Kirche mehrfach umgebaut, bis sie schließlich 1944 einem Bombenangriff zum Opfer fiel. Beim Wiederaufbau wurden moderne Elemente mit den noch erhaltenen Bauteilen, u.a. dem Turm und den Säulenarkaden, kombiniert, was im Innenraum der Kirche für ein einzigartiges Erscheinungsbild sorgt. Die Kirche ist hell und freundlich und geradezu modern ausgestattet. Im Innern befindet sich ein altes Taufbecken aus dem Jahr 1458 sowie ein sehenswertes Kruzifix, das zur Einweihung von St. Magni nach dem Wiederaufbau 1964 in die Kirche kam. Es zeigt den bereits auferstandenen Jesus, umrahmt von fliegenden Engeln. Prächtig sind auch die Kronleuchter, die vermutlich aus Flandern stammen und 1718 gefertigt wurden.

An der Nordwand befindet sich eine kunstvolle Buntverglasung, erschaffen von dem verstorbenen Künstler Hans Gottfried von Stockhausen, die den „Zug der Kinder Israels durch das Rote Meer" darstellt. Wenn es dunkel ist und in der Kirche Lichter brennen, leuchten die Fenster farbenfroh in die Nacht und sehen einfach wunderschön aus. Außerdem von außen sehenswert ist „Der Rufer", eine Engelsplastik am Giebel des Chors, die die Trompete zum Jüngsten Gericht bläst. Sie wurde 1958 von Bodo Kampmann angebracht und ist vor allem angeleuchtet bei Nacht sehenswert.

Ölschlägern 15 A • Mo.–So. 9–18 Uhr

7 HERRENDORF-TWETE S. 42

Der historische Begriff Twete wird für kleine Gassen genutzt. In Braunschweig gibt es zwar noch viele Tweten, aber dies ist die einzige original erhaltene des alten Braunschweig – ein echtes Mittelalterrelikt! Links und rechts der Twete ragen Fachwerkbauten in die Höhe. Was heute romantisch erscheint, war früher eher lästig: Die Enge machte das Durchkommen schwer, jedes Haus beherbergte eine Vielzahl an Menschen, was nicht selten zu Krankheiten führte. Dreck und Schmutz beherrschten das Stra-

▶ „Der Rufer" bläst die Trompete zum Jüngsten Gericht

ßenbild, da Müll vielfach einfach aus dem Fenster geworfen wurde. Dazu bevölkerten neben Nutztieren auch Ratten und Mäuse die Straße. So hergerichtet wie heute, eingekuschelt zwischen den restaurierten Fachwerkhäusern, ist die Twete jedoch absolut reizvoll.

Herrendorftwete

8 LÖWENWALL MIT OBELISK

S. 42

Vorbei an Restaurants, Kneipen und Cafés geht es zum Löwenwall (hinter dem Städtischen Museum rechts abbiegen). Umgeben von Kastanienbäumen strahlt der ovale Rasenplatz Ruhe aus, sodass viele Anwohner das Stückchen Grün zum Sonnetanken nutzen. Der Platz wurde ab 1812 auf Veranlassung des Herzogs Carl Wilhelm Ferdinand angelegt. In der Mitte des Löwenwalls steht ein Obelisk, errichtet 1823. Braunschweiger Bürger hatten für das 22 Meter hohe Monument Spenden gesammelt. Man wollte damit den Herzögen Carl Wilhelm Ferdinand und Friedrich Wilhelm ein Denkmal setzen, die tapfer im Kampf gegen Napoleon für das Herzogtum gekämpft hatten und dabei ums Leben kamen.

Löwenwall

9 KIRCHE ST. AEGIDIEN

S. 42

Nun geht es hinüber in das Aegidienviertel, das durch die Stobenstraße vom Magniviertel getrennt wird. Beherrscht wird das Quartier von der Aegidienkirche, auch als Liebfrauenmünster St. Aegidien bekannt. Sie war einst die Abteikirche des Benediktinerklosters, welches die Brunonin Gertrud von Braunschweig im Jahre 1115 gegründet hatte. Für das neue Kloster mit seiner Kirche, den Wirtschaftsgebäuden und Ländereien hatte sich Gertrud übrigens einen besonderen Platz ausgesucht: die damals höchste Erhebung der Stadt – eigentlich nur ein kleiner Hügel, jedoch umgeben von Flussarmen und somit vom Rest der Stadt abgetrennt.

Die Kirche in ihrer alten Form ist nicht mehr vorhanden, ein großes

AEGIDIENVIERTEL

Obwohl das Kloster schon lange fort ist, herrscht im Aegidienviertel noch immer eine unglaubliche Ruhe. Man kann kaum glauben, dass das Viertel tatsächlich von zwei vierspurigen Straßen eingegrenzt wird. Im Aegidienviertel ließen sich überwiegend bescheidene Bürger nieder, was sich noch heute im Erscheinungsbild des Viertels widerspiegelt. Viele der kleinen, eng aneinander gebauten Häuschen sind nicht mehr vorhanden. Die Neubauten wurden jedoch in Anlehnung an ihre historischen Vorgänger in ähnlicher Weise errichtet und verziert. Von den einstigen Häusern des Quartiers ist nur noch das Fachwerkhaus in der Ägidienstraße Nr. 5 vorhanden.

Das Parlatorium des ehemaligen Klosters ist heute Teil des Jüdischen Museums

Feuer verwüstete sie im Jahr 1278. Sie wurde im gotischen Kathedralstil neu errichtet und vielfach umgebaut. Ab dem 19. Jh. musste sie jahrelang für andere Zwecke herhalten: Mal diente sie als Militärdepot, mal als Festhalle, die Klostergebäude wurden sogar als herzogliches Gefängnis genutzt. Später wurde hier das 1891 gegründete Vaterländische Museum für Braunschweigische Landesgeschichte untergebracht, der Vorgänger des heutigen Braunschweigischen Landesmuseums (S. 131).

1945 wurde St. Aegidien schließlich der katholischen Kirche überlassen und wird seitdem von den Braunschweigern als katholische Pfarrkirche genutzt. In den Klosterräumen befindet sich heute das Jüdische Museum.

Ägidienmarkt 12 A • Mo.–So. 9–18 Uhr

10 KLOSTER ST. AEGIDIEN & JÜDISCHES MUSEUM S. 42

ENTDECKER-TIPP

Ein echter Geheimtipp und sogar vielen Braunschweigern unbekannt ist das Jüdische Museum, das auf die historisch bedeutende Judaica-Sammlung des Hofjuden Alexander David (1697–1765) zurückgeht. Der Eingang liegt etwas versteckt rechts vom Portal der

Aegidienkirche, durch das Tor hindurch, gegenüber der Hausnummer 5. Bevor man in die Ausstellungsräume gelangt, durchquert man die alten Klosterräume mit ihren niedrigen Decken und Säulen.
Die Räumlichkeiten des Klosters und ihre Geschichte sind neuerdings Teil der Ausstellung. Sie werden mit Lichteffekten wirkungsvoll in Szene gesetzt.
Das Jüdische Museum des Braunschweigischen Landesmuseums ist das älteste seiner Art weltweit und erläutert neben geschichtlichen Hintergründen die Bedeutung und Architektur der Synagoge. Highlight der Ausstellung ist die vollständig erhaltene Inneneinrichtung einer Synagoge aus dem Braunschweiger Land, die kunsthistorisch von großem Wert ist. Sie wurde schon 1922 in das Museum überführt und hat erstaunlicherweise die Nazizeit unbeschadet überstanden.
Andere wertvolle Gegenstände umfassen beispielsweise eine Thorarolle aus dem 18. Jh. sowie ein Machsor (Gebetbuch) aus dem Jahr 1741. Natürlich werden auch hier Hintergrundinformationen bereitgestellt.
Anhand von Infotafeln erfährt der Besucher, wie ein jüdischer Gottesdienst abläuft, und die wichtigsten Gedenk- und Feiertage werden erklärt, z. B. das achttägige Fest Chanukka.

◀ Das Aegidienviertel ist von engen Gassen durchzogen

Hinter Ägidien • Tel.: 0531 1238465 • www.3landesmuseen.de • Fr.–So. 10–17 Uhr

11 LESSINGDENKMAL S. 42

Nur wenige Meter vom Jüdischen Museum entfernt befindet sich das Lessingdenkmal. Lessing, der über viele Jahre in Wolfenbüttel als Bibliothekar gewirkt hat und oft in Braunschweig zu Gast war, hat das kulturelle Leben der Stadt bedeutend geprägt. Er verstarb 1781 in Braunschweig nach kurzer Krankheit und wurde auf dem Braunschweiger Magni-Friedhof beigesetzt. Mitte des 19. Jh.s entschied man sich, Lessing ein Denkmal zu setzen: eine 2,60 Meter hohe Bronzestatue.
Lessingplatz

12 GEBURTSHAUS VON LOUIS SPOHR S. 42

Am 5. April 1784 erblickte er hier das Licht der Welt. Neben Paganini zählte Spohr zu den begnadetsten Violinvirtuosen seiner Zeit. Auch seine Kompositionen fanden großen Anklang.
Seine Karriere begann der fast zwei Meter große Hüne als Herzoglich Braunschweigischer Kammermusikus im Jahr 1799, später zog es ihn als Konzert- und Kapellmeister nach Gotha, Wien, Frankfurt/Main und Kassel. Darüber hinaus führte er diverse Gastspielreisen in Europa durch und wurde allerorts gefeiert. Spohr verstarb 1859 in Kassel.
Spohrplatz 7

RUND UM ALTSTADTMARKT UND MICHAELISVIERTEL

Gebäude mit prächtigen Fassaden umrahmen den Altstadtmarkt und erzählen Geschichten aus vergangenen Zeiten. Nicht ganz so prunkvoll, dafür umso behaglicher präsentiert sich das Michaelisviertel im Südwesten der Altstadt. Hier siedelten sich damals die einfachen Leute an, errichteten ihre eigene Kirche und widmeten sie dem Schutzpatron St. Michael. Das Viertel hat kaum Kriegsschäden erlitten, sodass es heute als Traditionsinsel einen guten Eindruck über den früheren Städtebau vermittelt.

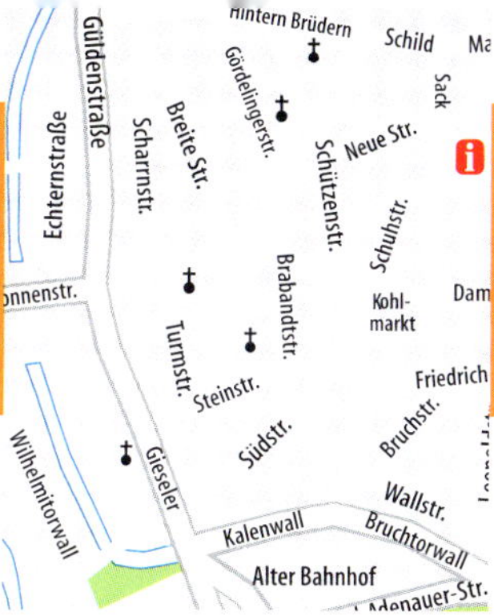

siehe große Karte S. 58/59

SEHENSWERTES

Kohlmarkt Historischer Messeplatz mit schönen Häusern, auf dem noch heute das Leben tobt. S. 60 1

Altstadtrathaus Gotisches Baudenkmal mit kunstvollen Pfeilerfiguren. S. 64 7

jakob-kemenate Das wohl älteste weltliche Gebäude der Stadt. S. 69 11

GASTRONOMIE

Ox U.S. Steakhouse Erstklassiges Steakhaus im altehrwürdigen Haus zur Hanse. S. 117 15

Soldekk Dachterrasse auf einem Parkhaus mit tollem Blick über die Stadt (nur Mai bis September). S. 119 26

Beach-Club-Feeling auf einem Parkhausdach

The Wild Geese Gemütlicher Irish Pub mit Livemusik am Wochenende. S. 119 32

EINKAUFEN

Jens Koch Alteingesessenes Lederwarengeschäft mit großer Auswahl. S. 124 11

New Yorker Flagship-Store mit fünf Etagen in ultramodernem Ambiente. S. 124 14

ÜBERNACHTUNG

Centro Hotel Ritter St. Georg Hotel in Braunschweigs ältestem Fachwerkhaus. S. 128 9

KULTUR UND FREIZEIT

Komödie am Altstadtmarkt Niedersachsens größtes privates Boulevard- und Unterhaltungstheater. S. 133 16

Städtisches Museum im Altstadtrathaus Der kunst- und bauhistorisch herausragende Profanbau beherbergt die Dauerausstellung zur Geschichte der Stadt. S. 132 8

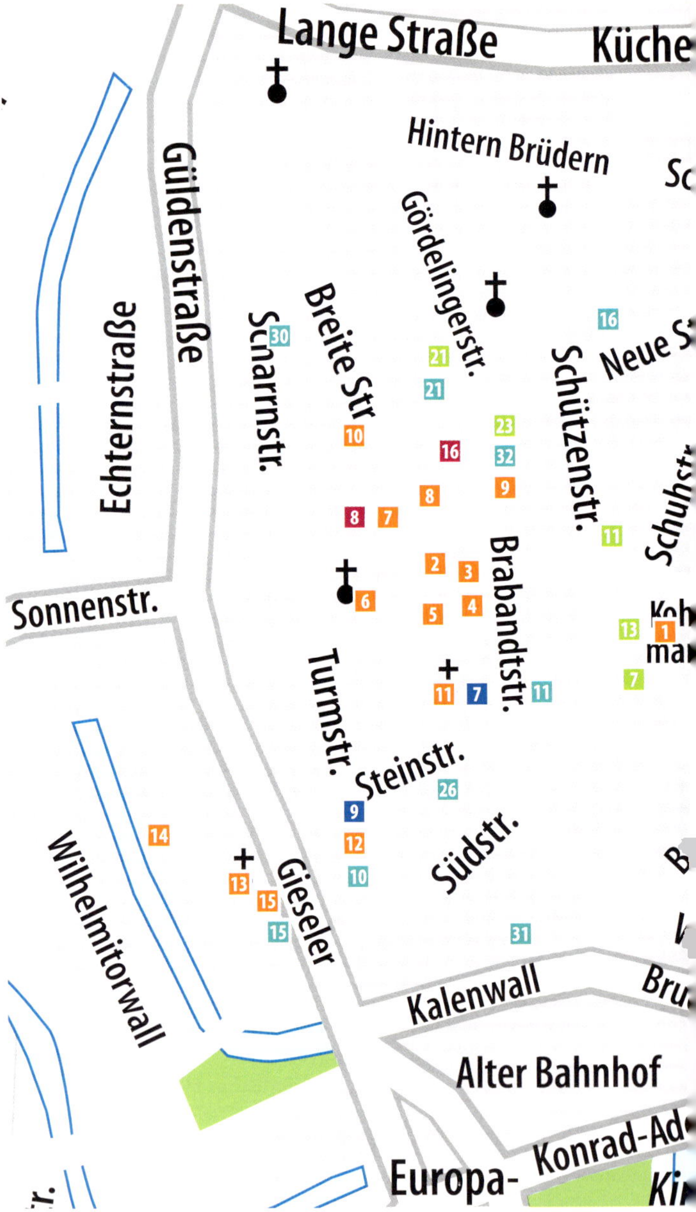
Lange Straße
Küche
Hintern Brüdern
Gördelingerstr.
Güldenstraße
Echternstraße
Scharrnstr.
Breite Str.
Schützenstr.
Neue S
Schuhstr.
Brabandtstr.
Sonnenstr.
Turmstr.
Steinstr.
Südstr.
Wilhelmitorwall
Gieseler
Kalenwall
Alter Bahnhof
Europa-
Konrad-Ad
30
21
21
16
10
16
23
32
9
8
8
7
11
2
3
6
5
4
13
1
7
11
7
11
26
9
12
10
14
13
15
15
31

SEHENSWERTES

1 Kohlmarkt S. 60
2 Altstadtmarkt S. 61
3 Marienbrunnen S. 61
4 Gewandhaus S. 62
5 Altes Zoll- u. Landwehrhaus S. 62
6 Kirche St. Martini S. 62
7 Altstadtrathaus S. 64
8 Stechinelli-Haus S. 65
9 Haus zu den Sieben Türmen S. 66
10 Martino-Katharineum S. 66
11 jakob-kemenate S. 69
12 Alte Knochenhauerstraße S. 69
13 Kirche St. Michaelis S. 69
14 Stobwasserhaus S. 70
15 Haus zur Hanse S. 71

GASTRONOMIE

10 das Alte Haus S. 116
11 Genuss Tresor S. 116
15 Ox U.S. Steakhouse S. 117
16 Guidos Pizzeria S. 117
18 Yakamoz S. 117
21 Riptide S. 118
26 Soldekk S. 119
30 Siebenschläfer S. 119
31 Silberquelle S. 119
32 The Wild Geese S. 119

EINKAUFEN

7 Galerie Thomas Kaphammel S. 123
10 JAKO-O S. 124
11 Jens Koch S. 124
13 La Vigna S. 124
14 New Yorker S. 124
19 Peek & Cloppenburg S. 125
21 Sander Einrichtungen S. 125
23 SFU – Sachen für Unterwegs S. 125
24 Tk Maxx S. 125

ÜBERNACHTUNG

7 Frühlings-Hotel S. 127
9 Centro Hotel Ritter St. Georg S. 128

KULTUR UND FREIZEIT

8 Städtisches Museum S. 132
16 Komödie am Altstadtmarkt S. 133

1 KOHLMARKT S. 58

Damals wie heute herrscht auf dem Kohlmarkt geschäftiges Treiben. Der Name ist jedoch irreführend: Einst an der Kreuzung wichtiger Fernhandelswege gelegen, wurde hier im Mittelalter nicht mit Kohl gehandelt, sondern vielmehr mit Kohlen.

Später nutzte man den Kohlmarkt, wie den unweit gelegenen Altstadtmarkt, auch für Messen. Die Stadt benötigte dringend einen wirtschaftlichen Aufschwung, und so richtete der clevere Herzog Rudolf August im Jahr 1681 regelmäßige Warenmessen ein, die Handelsreisende und damit Geld in die Stadt brachten. Den Braunschweigern standen plötzlich neue Einnahmequellen offen: Nicht nur, dass sie ihre Waren an den Mann bringen konnten, auch der Bedarf an Übernachtungsmöglichkeiten, Wirtshäusern und Unterhaltungsprogramm stieg zu Messezeiten beachtlich.

Unter anderem fanden die Besucher direkt am Kohlmarkt im „Haus zum goldenen Stern" Unterschlupf, welches sich an der Ecke zur Schuhstraße befand. Das Originalgebäude wurde Ende des 19. Jh.s abgerissen, doch noch heute ziert ein Stern die Fassade des Nachfolgebaus. Das Haus ist leicht zu finden: Schauen Sie nach oben, noch über die höchsten Fenster des Gebäudes, das heute ein Reisebüro beherbergt. Dort entdecken Sie den filigranen Stern. Auch Gotthold Ephraim Lessing schätzte das „Haus zum goldenen Stern" sehr und nächtigte hier regelmäßig. Das links daneben gelegene Quartier „Haus zur Rose" hingegen war nicht nach seinem Geschmack. Seiner Braut Eva König empfahl er in einem Brief im März 1771: „Aber in der ‚Rose' müssen Sie da nicht wieder logieren, sondern gleich daneben im ‚Sterne'. Das ist jetzt mein Absteigequartier, und Zimmer und alles ist da besser."

Detail des Brunnens auf dem Kohlmarkt

Das von Lessing kritisierte „Haus zur Rose" steht noch immer an Ort und Stelle. Seine Fassade aus dem Jahr 1590 ist erhalten geblieben und zeigt eine goldene Rose über den Fenstern im ersten Stock.

Gegenüber den beiden Gebäuden befindet sich das „Haus zur Sonne", ebenfalls visualisiert durch eine goldene Sonne hoch oben an der Fassade. Das „Haus zur Sonne" wurde 1792 erbaut und Ende des

19. Jh.s nach dem Geschmack der Besitzer, einer Textilhändlerfamilie, umgestaltet.

Ende des 18. Jh.s waren es bis zu 10.000 Tagesgäste, die während der Messe in die Stadt reisten und zwischen Kohlmarkt und Altstadtmarkt ihre Geschäfte tätigten. Damit war Braunschweig – neben Frankfurt und Leipzig – eines der größten Messezentren Deutschlands.

Heute wird der Kohlmarkt regelmäßig für Veranstaltungen genutzt: Ob Weinfest, Beach-Volleyball-Turnier oder Open-Air-Eislaufen – auf dem Kohlmarkt ist immer etwas los.

Kohlmarkt

2 ALTSTADTMARKT S. 58

Schauen Sie sich in Ruhe auf dem großzügigen Platz um, der von altehrwürdigen Bauten umrandet wird. Angelegt wurde der Altstadtmarkt im 12. Jh. und nahm schnell seine Rolle als wichtiger Handelsplatz ein. Noch heute findet hier mittwochs und samstags der Wochenmarkt statt.

Altstadtmarkt

3 MARIENBRUNNEN S. 58

Der Brunnen mit seinen drei großen Wasserschalen ist eine Kopie eines 1408 aus Blei gegossenen spätgotischen Kunstwerks. Die Reste des Originalbrunnens, der im Zweiten Weltkrieg irreparabel beschädigt wurde, werden heute im Altstadtrathaus ausgestellt. Der Brunnen sprudelte damals mit Wasser, das aus einer Quelle vor der Stadtmauer gewonnen und hergeleitet wurde. Der Marienbrunnen lieferte dem Weichbild Altstadt damit wertvolles sauberes Trinkwasser. Wie zur damali-

Der Altstadtmarkt vermittelt das Flair vergangener Jahrhunderte

gen Zeit üblich, wurde der Brunnen reich verziert: biblische Figuren auf der untersten Schale, darüber verschiedene Wappen, ein Blattfries auf der obersten Schale. In alle drei Schalen sind die für Braunschweig typischen Löwenköpfe eingearbeitet. Hoch oben auf dem Brunnen thront schließlich Maria mit Jesus, umgeben von den vier Evangelisten.
Altstadtmarkt

4 GEWANDHAUS S. 58

Die Gilde der Altstädter Gewandschneider war die vornehmste und mächtigste der gesamten Stadt. Da der Tuchhandel boomte, wurden die zur Verfügung stehenden Räumlichkeiten allmählich knapp. So entschied man sich, das Gewandhaus zu errichten, das Lager- und Verkaufsstätte werden sollte. Gleichzeitig diente das Gebäude als Börse. Erstmals urkundlich erwähnt wurde das Gewandhaus im Jahr 1303. Ein massiver Umbau fand im 16. Jh. statt, wobei die prunkvolle Fassade entstand. Da das Gewandhaus zu jener Zeit auch als Kornkammer aller fünf Weichbilde diente, beteiligte sich die Gesamtstadt an den Kosten des Umbaus – inklusive der hohen Kosten für die Fassadenverzierung. Möglicherweise sollte mit dieser Fassade ein politisches Signal gesetzt werden: Die Braunschweiger wollten gegen die beeindruckenden Renaissancebauten im nahen Wolfenbüttel und Helmstedt „anstinken". Die welfischen Herzöge residierten nämlich mittlerweile in Wolfenbüttel. Die Braunschweiger wollten offensiv zeigen, dass sie auch ohne Unterstützung der Welfen einiges zustande bringen konnten. Man war nicht mehr auf die Welfen angewiesen, die über so viele Jahre das Braunschweiger Stadtbild nachhaltig geprägt hatten. Heute beherbergt das Gewandhaus die Industrie- und Handelskammer, das Restaurant im Gewölbekeller ist derzeit leider geschlossen.
Altstadtmarkt 1

5 ALTES ZOLL- UND LANDWEHRHAUS S. 58

Rechts neben der vom Altstadtmarkt zugänglichen Freitreppe des Gewandhauses befindet sich ein altes Zoll- und Landwehrhaus, das prunkvoll gestaltet ist. Es stammt aus dem Jahr 1643 und stand ursprünglich in Rüningen, einem heutigen Stadtteil Braunschweigs, an der alten Reichsstraße nach Frankfurt. Nach dem Zweiten Weltkrieg wurde es dort abgetragen und auf den Altstadtmarkt versetzt.
Altstadtmarkt 2

6 KIRCHE ST. MARTINI S. 58

Die Martinikirche entstand Ende des 12. Jh.s als Pfarrkirche des Weichbilds Altstadt. Im Kern lehnt sich die Pfeilerbasilika an den Planungen des Doms an, im Laufe

► Das Gewandhaus beherbergt heute die Industrie- und Handelskammer

Die Martinikirche wurde Ende des 12. Jh.s erbaut

der Jahre wurden allerdings auch hier noch vielfältige Veränderungen vorgenommen: Zwischen 1250 und 1400 verbreiterte und erhöhte man die Seitenschiffe, um eine gotische Hallenkirche zu kreieren. Ab 1400 wurden dann der Chor und die Annenkapelle angebaut. Besonders sehenswert sind die eindrucksvolle Orgel und das bronzene Taufbecken aus dem Jahr 1441 in der Annenkapelle.

Altstadtmarkt • Di.–Fr. 10–13/15–17 Uhr, Sa. 10–17 Uhr, So. 10–12/15–17 Uhr

7 ALTSTADT-RATHAUS S. 58

TOP-TIPP

Gegenüber dem Altstadtmarkt befindet sich ein wunderschönes gotisches Baudenkmal: das Altstadtrathaus. Eigentlich besaß das Weichbild Altstadt schon ein Rathaus, aber Mitte des 13. Jh.s entschloss man sich, einen repräsentativeren Neubau zu errichten. Schließlich war das Altstadtviertel das vermögendste aller Braunschweiger Weichbilde – und das wollte man auch zeigen. Wie bei so vielen Gebäuden in der Stadt änderte sich das Erscheinungsbild des Altstadtrathauses stetig: Im 14. Jh. wurde der Nordflügel angebaut, bis Mitte des 15. Jh.s folgten die Laubengänge sowie die Figuren der Laubenpfeiler. Diese von dem Bildhauer Hans Hesse geschaffenen 17 Figuren stellen die ottonischen und welfischen Kaiser, Könige und Herzöge mit ihren Frauen dar. Wenn Sie genau hinschauen, bemerken Sie, dass nur eine männliche Figur allein, ohne Frau, ausharren muss: Kaiser

Das Altstadtrathaus wurde im 15. Jh. mit kunstvollen Pfeilerfiguren versehen

Lothar III., Großvater Heinrichs des Löwen.

Ein weiteres interessantes Detail können Sie an einem der Pfeiler entdecken: die „Braunschweiger Elle". Dabei handelt es sich um ein genormtes Längenmaß von 57,07 Zentimetern, das von den Tuchhändlern genutzt wurde. Alle Marktteilnehmer hatten sich bei der Abmessung der Ware danach zu richten, Betrüger konnten somit schnell überführt werden.

Das Städtische Museum zeigt zudem im Altstadtrathaus seine Dauerausstellung „Die Geschichte der Stadt Braunschweig".

Altstadtmarkt 7

8 STECHINELLI-HAUS S. 58

Das große Gebäude an der Ecke Altstadtmarkt/Breite Straße trägt den Namen Stechinelli-Haus. 1690 erbaut, wurde es, wie so viele, im Zweiten Weltkrieg zerstört, später aber wieder maßgerecht aufgebaut, wobei die erhaltenen Bestandteile eingegliedert wurden. Stechinelli hieß eigentlich Francesco Capellini. Um ihn ranken sich verschiedene Legenden. Angeblich stammte er aus Rimini, wo er in einer verarmten Familie aufwuchs. Er soll dem letzten Herzog von Celle, Georg Wilhelm, das Leben gerettet haben, woraufhin dieser ihn aus Dankbarkeit in seine Dienste nahm. So wurde aus einem armen Betteljungen ein angesehener und reicher Mann. Capellini ließ das Stechinelli-Haus errichten. Über den Fenstern befinden sich Hüte und Rosen. Die Hüte beziehen sich wohl auf den Namen des Erbauers (ital. cappello = Hut). Etwa 80 Jahre später wurde auch Capellinis Lebensgeschichte Teil der Fassade: An der linken Seite der Hausfront, in Höhe des zweiten Stockwerks, sehen Sie unter einem springenden Löwen einen Jungen, der bettelnd einen Hut in der Hand hält.

Altstadtmarkt 8

9 HAUS ZU DEN SIEBEN TÜRMEN S. 58

Wir beenden unseren Rundgang um den Altstadtmarkt mit dem „Haus zu den Sieben Türmen" (Haus Nr. 11; Altstadtmarkt/Ecke Gördelingerstraße). Auch hier ist der Name Programm: Hoch oben an der Front, die aus dem Jahr 1708 stammt, prangen sieben Türme. Doch warum integrierte man diese Türmchen am Giebel? Eine Erzählung besagt, dass der ursprüngliche Bau, der an dieser Stelle stand und im Zuge eines Aufstands 1374 sowohl geplündert als auch in Brand gesetzt worden war, solch ein Bild getragen hatte. Die so freundlich aussehenden Türme stellten allerdings eher „Türme des Schreckens" dar, denn sie zeigen das Gefängnis von Konstantinopel. Der Erbauer des ursprünglichen Hauses hatte Heinrich den Löwen auf seiner Pilgerreise begleitet, war dabei in Konstantinopel gefangen genommen worden und hatte in ebendiesem Gefängnis mit den sieben Türmen eingesessen. Keine Frage, dass diese Geschichte nach ihrem glücklichen Ausgang Teil seines Hauses werden musste.

Altstadtmarkt 11

10 MARTINO-KATHARINEUM S. 58

Man schrieb das Jahr 1874. Am Braunschweiger Gymnasium Martino-Katharineum, gleich um die Ecke des Altstadtmarkts, unterrichtete der Lehrer Konrad Koch die Fächer Deutsch und Alte Spra-

DIE FÜNF WEICHBILDE DER STADT

Vielleicht haben Sie sich schon gefragt, warum es in Braunschweig so viele Kirchen gibt. Eventuell ist Ihnen auch schon der Begriff „Weichbild" über den Weg gelaufen, der oft im Zusammenhang mit Braunschweigs Geschichte fällt.

Der Ausdruck Weichbild, der für unser heutiges Verständnis sehr merkwürdig klingt, setzt sich aus den Worten „wik" (= Siedlung) und „bill" (= Recht) zusammen. Weichbild bezeichnet also eine Ansiedlung mit eigenen Rechten, beispielsweise einem eigenen Rathaus und einer eigenen Pfarrkirche.

Braunschweig bestand seit dem 13. Jh. aus fünf Weichbilden: Altewiek, Altstadt (hierzu gehört auch der Altstadtmarkt), Sack, Neustadt und Hagen. Das heißt, streng genommen gab es fünf Teilstädte innerhalb der Stadtbefestigung. Braunschweig war eine Pentapolis, ein Zusammenschluss von fünf Städten.

Das „Haus zu den sieben Türmen" erzählt die Geschichte seines ursprünglichen Besitzers

chen. Doch damit nicht genug. Der Vollblutpädagoge Koch war auch am Wohl seiner Schüler interessiert. Vor allem das „Stubenhockerthum" der jungen Leute ging ihm gegen den Strich. Er war der Meinung, dass Sport an der frischen Luft den Schülern guttun würde. 1872 initiierte er daher „Schulspiele" als Ergänzung zum Turnunterricht.

Von dem Mediziner Friedrich Reck, der als Militärarzt in England gewesen war, hörte Koch von einer neumodischen Sportart: dem Fußball. Genau das Richtige für die deutschen Schüler, fanden Koch und sein Kollege August Hermann. Hermann besorgte einen Ball aus England, warf ihn zwischen die verwunderten Schüler, und so fand in Braunschweig das erste Fußballspiel auf deutschem Boden statt. Viele Braunschweiger wetterten gegen diese „englische Krankheit", die von nun an Teil des Schulsports war. Die Schüler jedoch liebten ihr neues Spiel und Koch wies die Kritiker immer wieder darauf hin, wie förderlich der neue Teamsport für die Entwicklung der Persönlichkeit sei. 1875 legte Koch dann das erste deutsche Fußball-Regelwerk fest und gründete den ersten deutschen Fußballverein.

Doch damit nicht genug. August Hermann hörte im Jahr 1896 von einer weiteren Mannschaftssportart, die in Deutschland noch völlig unbekannt war: dem Basketball. Sein Sohn, der in den USA lebte, erzählte ihm von diesem in Amerika beliebten Spiel. Vielleicht an-

6

gestachelt durch seinen Erfolg mit dem Fußball, richtete Hermann auch das erste Basketballspiel in Deutschland aus. Dieses Mal blieb ihm allerdings der Erfolg verwehrt. Erst rund 30 Jahre später entdeckten die Deutschen ihre Liebe für den Basketball, als ausländische Stundenten den Sport mit ins Land brachten.

Breite Straße 3–4

11 JAKOB-KEMENATE S. 58

ENTDECKER-TIPP

Nun geht es weiter zu einem versteckten Schatz der Braunschweiger Geschichte: Am Eiermarkt 1 a befindet sich die „jakob-kemenate", das wohl älteste weltliche Gebäude in Braunschweig. Der Mauersteinbau stammt aus dem Jahr 1250. Nachdem die Kemenate im Mittelalter als Fluchtpunkt vor Feuer und Überfällen, aber auch für repräsentative Zwecke und als Wohnbau gedient hatte, wurde sie im 18. Jh. zur ersten „Bank" Deutschlands umgebaut, der Herzoglichen Leihhausanstalt. Der Zweite Weltkrieg verwandelte die Kemenate in eine Ruine. Im Jahr 2006 kam es schließlich zum Wiederaufbau des Gebäudes, architektonisch einzigartig und mehrfach prämiert, u. a. mit dem „iF design award" in Gold. Heute dient die „jakob-kemenate" als kultureller Veranstaltungsort und kann für Hochzeiten und Tagungen gemietet werden.

Eiermarkt 1 a

◀ Die „jakob-kemenate" vereint Geschichte mit moderner Architektur

12 ALTE KNOCHENHAUERSTRASSE S. 58

In der Alten Knochenhauerstraße, bei der Hausnummer 11, erwartet Sie die älteste noch erhaltene Hausfront Braunschweigs aus dem Jahr 1470. Auch die verzierten Fassaden der Häuser Nr. 12 (erbaut um 1490 durch den Knochenhauer Tile Witten) und Nr. 13 (um 1489) können sich sehen lassen. Charakteristisch für die Braunschweiger Fachwerkhäuser der Spätgotik ist der sogenannte Treppenfries, der sich in diversen Bauten wiederfindet, auch in den Häusern vor Ihnen. Mit Treppenfries bezeichnet man die stufenartigen, oft farbigen Verzierungen, die in die Fassade eingearbeitet sind.

13 KIRCHE ST. MICHAELIS S. 58

Jetzt geht es über den Prinzenweg hinein ins Michaelisviertel. Dicht an dicht stehen hier die Fachwerkhäuser, in denen im Mittelalter zumeist ärmere Leute und klosterähnliche Lebensgemeinschaften hausten. Zwar waren die eigenen finanziellen Mittel bescheiden – auf eines wollten die Bewohner des Viertels jedoch nicht verzichten: auf ein eigenes Gotteshaus. So entstand in der Echternstraße die Michaeliskirche, die ausschließlich aus privaten Spenden der Anwoh-

Das historische Michaelisviertel wird heute als Traditionsinsel bezeichnet

ner finanziert wurde. Den ersten Kirchenbau weihte man 1157 dem Erzengel Michael. Die frommen Bewohner des Viertels zeigten zudem ein Herz für Fremde, Verbannte und Mittellose, indem sie um die Kirche herum einen Friedhof für diese gesellschaftlichen Randgruppen anlegten.

Echternstraße 67 • Mi.–So. 15–17 Uhr

14 STOBWASSER-HAUS

S. 58

Hinter den Wänden der Echternstraße 16 entstand wahre Kunst: Hier fertigte die Familie Stobwasser Lackkunstwaren an, die sogar den herzoglichen Hofstaat begeisterten. Im 18. Jh. zog die Familie Stobwasser aus Thüringen nach Braunschweig, angelockt durch diverse Vergünstigungen, die der Braunschweiger Herzog Carl I. den Unternehmern gewährte. Die Stobwassers gründeten ihre Manufaktur für Lackkunstwaren und bemalten u. a. Etuis, Schatullen, Vasen und auch Möbelstücke mit filigranen, qualitativ einzigartigen Lackmotiven. Besonders viel Aufsehen erregten die Schnupftabakdosen, die – unter einem doppelten Boden verborgen – mit schlüpfrigen Darstellungen die Herren begeisterten. Im Städtischen Museum befindet

TIPP Für Steak-Liebhaber hat Braunschweig etwas Besonderes in petto: ein erstklassiges Steakhaus, untergebracht im altehrwürdigen „Haus zur Hanse". Die Preise sind nicht ohne, dafür ist jedoch die Qualität der Speisen exzellent und auch der Service verdient die Bestnote.
Das Restaurant hat den Anspruch, das beste seiner Art in der Region zu sein. Darum werden neben den klassischen Cuts wie Rib Eye (Steak aus der hohen Rippe) oder dem Rumpsteak vom Black Angus-Beef auch das unter Gourmets bekannte Filet vom Wagyu-Rind serviert.
OX U. S. Steakhouse • Güldenstraße 7 • Tel.: 0531 6094010 • www.ox-steakhouse.de • Mo.–So. 12–14.30 Uhr/ab 18 Uhr

sich heute eine Sammlung der Stobwasser-Werke.
Echternstraße 16

15 HAUS ZUR HANSE S. 58

Das reich verzierte „Haus zur Hanse" wurde 1567 vom Ratsherrn Cyriakus Haberland als Wohn- und Geschäftshaus erbaut. Um 1627 erhielt Zacharias Broiling, damaliger Bürgermeister von Braunschweig und zu jener Zeit Besitzer des Hauses, das Braurecht. So wurde das „Haus zur Hanse" zum Stammsitz der sich daraus entwickelnden Hofbrauerei Wolters, die bis heute in Braunschweig ihren Sitz hat. Heute befinden sich in diesem Haus ein Restaurant und ein Hotel für gehobene Ansprüche.
Güldenstraße 7

Das „Haus zur Hanse" war einst Sitz einer Brauerei, heute beherbergt es ein Restaurant und ein Hotel

SEHENSWERTES AUSSERHALB DES ZENTRUMS

Auch abseits der Hauptschauplätze hat Braunschweig einiges zu bieten. Auf den folgenden Seiten finden Sie eine Zusammenstellung der Orte, die eine Stippvisite wert sind. Wer nach einem anstrengenden Stadtbummel Entspannung sucht, ist im Naturschutzgebiet Riddagshausen genau richtig. Wer lieber seinen Gaumen verwöhnen möchte, folgt der Spur zum besten Tortenbäcker Braunschweigs.

siehe große Karte S. 74/75

SEHENSWERTES

Herzog Anton Ulrich-Museum Beherbergt eine wertvolle Kunstsammlung, u. a. mit Werken von Rubens, Rembrandt, Vermeer, Cranach, Dürer, Holbein, Goya, Beckmann und Picasso. S. 76 1

Staatstheater 1861 galt es als das schönste in ganz Europa. S. 76 2

Botanischer Garten Ein Spaziergang durch den Botanischen Garten kommt einem kleinen Urlaub gleich. S. 78 3

Schloss Richmond Schloss der englischen Prinzessin Auguste. S. 80 4

Hauptfriedhof Der größte kirchliche Friedhof Deutschlands. S. 83 5

Riddagshausen Naturschutzgebiet und Klosterareal. S. 83 6

GASTRONOMIE

Café Haertle Torten, die einen sämtliche Diätvorhaben vergessen lassen. S. 117 19

Die neue Gemäldegalerie des Herzog Anton Ulrich-Museums

Braunschweig
Oker
Siegfriedstraße
Bültenweg
H.-Sommer-Str.
Rebenring
Neustadtring
Hagenring
Celler Straße
Sackring
Kastanie
Madamenweg
Altewiekring
Kurt-Schumacher-Str.
Helmstedt
Wolfenbütteler Str.
Haupt-bahnho
Frankfurter Str.
Th.-Heuss-Str.
Salzdahlumer Str.
GARTEN-STADT
Donaustraße
Broitzem
MELVERODE
HEIDBERG
Rüningen
391
392
4
1
248
39
395

SEHENSWERTES

GASTRONOMIE

KULTUR UND FREIZEIT

ÜBERNACHTUNG

1 HERZOG ANTON ULRICH-MUSEUM S. 74

Herzog Anton Ulrich trug bis zu seinem Tod 1714 eine beachtliche Kunstsammlung zusammen, die sein Großneffe Carl I. fortführte. Ursprünglich wurden die Schätze im herzoglichen Lustschloss in Salzdahlum bei Wolfenbüttel aufbewahrt, darunter bedeutende Gemälde von Rubens, Rembrandt und Jan Vermeer van Delft. Doch Carl I. zeigte sich als aufgeklärter Herrscher, dem neben sozialen Faktoren auch die Bildung seines Volkes am Herzen lag. So eröffnete er im Jahr 1754 ein für jeden zugängliches Kunst- und Naturalienkabinett – zu jener Zeit geradezu revolutionär, denn bis dato war Kunst nichts für einfache Leute. Als das Salzdahlumer Schloss im Jahr 1811 abgerissen wurde, wanderten auch die letzten Bilder nach Braunschweig. Im Laufe der Jahre zog die Kunstsammlung mehrfach um, wurde u. a. um Gemälde und ein Kupferstichkabinett erweitert, und fand schließlich Unterschlupf in einem Neubau, dem heutigen Herzog Anton Ulrich-Museum. Das Haupthaus wurde von 1884 bis 1887 im Renaissancestil erbaut.

Das Museum wurde 2016, nach siebenjähriger Sanierung und Modernisierung, neu eröffnet. Gemälde von Cranach, Rubens, Rembrandt und Vermeer machen das Haus zu einer festen Größe in der internationalen Museumslandschaft.

Museumstraße 1 • Straßenbahn: Haltestelle Museumstraße • Tel.: 0531 12 250 • www.3landesmuseen.de • Di.–So. 11–18 Uhr

2 STAATSTHEATER S. 74

1859 bis 1861 ließ Herzog Wilhelm das heutige Staatstheater am Steinweg als Herzogliches Hoftheater errichten. Zu seiner Zeit galt der Bau im Renaissancestil als einer der schönsten in ganz Europa. Doch die Errichtung des neuen Theaters mit seinen 1.600 Plätzen

HERZOG ANTON ULRICH

Der Welfe Anton Ulrich (1633–1714), Herzog zu Braunschweig-Lüneburg, liebte Kunst und Kultur. Nicht nur, dass er sich als Dichter, Romanautor und Texter von Opern und Kirchenliedern einen Namen machte, auch die Sammlung von Kunstgegenständen gehörte zu seinen Hobbys. Ob Gemälde, ostasiatische Kunstwerke oder Emailarbeiten aus Frankreich – Anton Ulrich erwarb die Gegenstände mit Leidenschaft und bewahrte sie ab dem Ende des 17. Jh.s in seinem neuen Lustschloss in Salzdahlum auf. Heute zählen die von Anton Ulrich zusammengetragenen Objekte, darunter Bilder von Rembrandt, Rubens und Jan Vermeer van Delft, zu den wertvollsten Kunstschätzen des Museums. Auch Wolfenbüttel profitierte vom kulturellen Wirken des Herzogs: Unter seiner Regentschaft wurde das erste selbstständige Bibliotheksgebäude in ganz Europa erbaut und die Büchersammlung erweitert.

Das Staatstheater Braunschweig ist heute ein Vierspartentheater

war nicht nur ein Prestigeprojekt. Ein neues Haus wurde dringend als Ersatz für das veraltete Opernhaus am Hagenmarkt benötigt, das aufgrund von Baufälligkeit zunächst geschlossen und später abgerissen werden musste. Braunschweig ohne Theater und Oper? Das wäre nicht denkbar gewesen, denn die Braunschweiger liebten die Unterhaltung. Schon seit 1690 gab es das öffentlich zugängliche Opernhaus am Hagenmarkt, was damals keineswegs selbstverständlich war. Gegründet wurde es von Herzog Anton Ulrich, eigentlich als reines Opernhaus, ab Mitte des 18. Jh.s kamen Schauspielaufführungen hinzu. Im Laufe der Jahre fanden in dem Opernhaus zahlreiche Premieren statt, beispielsweise wurde Lessings „Emilia Galotti" 1772 zu Ehren der Herzogin Philippine Charlotte uraufgeführt. Auch bekannte Musiker fan-

TIPP Das „Café Härtle", gleich gegenüber vom Staatstheater, gibt es schon seit 30 Jahren. Hier zaubert man die leckersten Torten, Gebäckstücke und Kuchen Braunschweigs, auf Wunsch immer mit einem ordentlichen Schlag Sahne. Natürlich gibt es auch das traditionelle Kännchen Kaffee, aber mittlerweile werden ebenfalls Milchkaffee, Latte macchiato und Cappuccino gereicht. In der angeschlossenen Konditorei kann man die Leckereien übrigens auch nach Hause mitnehmen. Steinweg 21/Theaterwall 1 • Bus: Haltestelle Staatstheater • Tel.: 0531 16627 • www.haertle.mein-steinweg.de • Mo.–Sa. 8–19.30 Uhr, So. 10–18 Uhr •

den im Rahmen von Gastspielen ihren Weg nach Braunschweig, u. a. Nicolò Paganini. Während des Zweiten Weltkriegs erlitt der Bau immensen Schaden, konnte jedoch wieder hergestellt und 1948 neu eröffnet werden. Heute ist das Staatstheater Braunschweig ein Vierspartentheater, das jährlich circa 30 Premieren auf die Beine stellt und inzwischen über drei zusätzliche Spielstätten verfügt.

Am Theater • Bus: Haltestelle Staatstheater • Tel.: 0531 1234567 • Kassenöffnung: Mo.–Sa. 10–18.30 Uhr • www.staatstheater-braunschweig.de

3 BOTANISCHER GARTEN S. 74

Für Pflanzenliebhaber bietet sich ein Rundgang durch den Botanischen Garten an, der zur Technischen Universität Braunschweig gehört. Rein sachlich gesehen ist der drei Hektar große Garten ein riesiges Freilandlabor, in dem die Forscher der Universität Experimente vornehmen. Optisch gleicht der Botanische Garten jedoch einem kleinen Paradies: Über 4.000 Pflanzenarten sind hier zu Hause, die Vielfalt an Farben und Formen ist überwältigend. Auch eine echte Braunschweiger Spezialität wird hier gezüchtet: der Braunkohl. Viele Braunschweiger lieben es, durch den Garten zu flanieren, dem Tropenhaus einen Besuch abzustatten und auf einer der Bänke mit Blick auf die Oker einfach die Seele baumeln zu lassen. Besonders sehenswert: Victoriahaus mit Riesenseerose (in den Sommermonaten), Orchideenhaus, Barock-Bauerngarten, Torhausgalerie mit wechselnden Ausstellungen.

Besonders sehenswert sind die Riesenseerosen im Victoriahaus

BOTANISCHER GARTEN

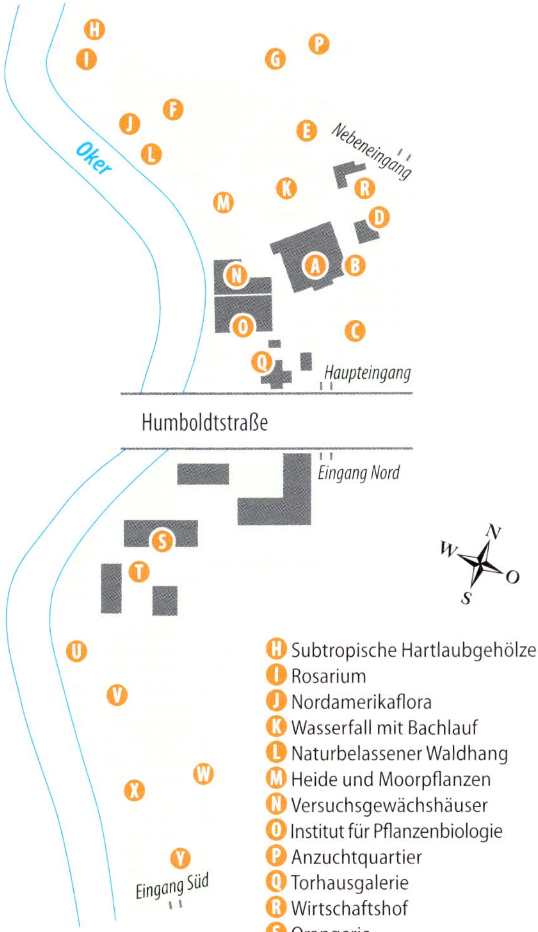

- **A** Schaugewächshäuser
- **B** Insektivoren
- **C** Barock-Bauerngarten
- **D** Grüne Schule im Flößerhaus
- **E** Arboretum
- **F** Systematische Abteilung
- **G** Alpinum
- **H** Subtropische Hartlaubgehölze
- **I** Rosarium
- **J** Nordamerikaflora
- **K** Wasserfall mit Bachlauf
- **L** Naturbelassener Waldhang
- **M** Heide und Moorpflanzen
- **N** Versuchsgewächshäuser
- **O** Institut für Pflanzenbiologie
- **P** Anzuchtquartier
- **Q** Torhausgalerie
- **R** Wirtschaftshof
- **S** Orangerie
- **T** Wirtschaftsbereich
- **U** Sumpf- und Wasserpflanzen
- **V** Streuobstwiese
- **W** Becken für Versuchspflanzen
- **X** Forschungsfläche des Instituts für Pflanzenbiologie
- **Y** Erhalt der Gehölzsukzessionen

Humboldtstraße 1 • Tram: Haltestelle Botanischer Garten • Tel.: 0531 3915889 • www.tu-braunschweig.de/ifp/garten • Garten Sommermonate: Mo.–So. 8–18 Uhr, Wintermonate: Mo.–Fr. 8–16 Uhr, Sa./So. 9–16 Uhr • Schaugewächshäuser Sommermonate: Di.–Do. 11–17 Uhr, Sa./So. 13–17 Uhr, Wintermonate: Di.–Do. 11–15.30 Uhr, Sa./So. 13–15.30 Uhr • Torhausgalerie: Mo.–Fr. 15–18 Uhr, Do. 15–20 Uhr, So. 11–17 Uhr •

4 SCHLOSS RICHMOND

S. 74

ENTDECKER-TIPP

Am Stadtrand Braunschweigs befindet sich das Schloss Richmond. Erbaut wurde es 1769 auf Geheiß der englischen Prinzessin Auguste, die mit dem braunschweigischen Erbprinzen Carl Wilhelm Ferdinand vermählt war. An sie erinnert noch heute der Buchstabe A, der Teil des schmiedeeisernen Tores ist. Die in Richmond upon Thames im Südwesten Londons aufgewachsene Prinzessin hatte wohl schreckliches Heimweh, seit sie 1764 nach Braunschweig gekommen war, und fühlte sich hier unwohl. Sie sprach nur gebrochen Deutsch, und wer in Braunschweig konnte schon auf Englisch Konversation führen? Die französische Sprache, die am Hof zumeist gesprochen wurde, beherrschte sie angemessen, doch die höfischen Gelehrten erschienen ihr im Gegensatz zu ihren englischen Pendants zu rückständig. Auf viel Achtung und Liebe ihres Gemahls konnte sie auch nicht bauen, denn ihre Heirat war – wie damals üblich – arrangiert und rein politischer Natur. Ihr Gatte pflegte lieber engen Kontakt zu der ein oder anderen Mätresse. Wer mag es Auguste aus heutiger Sicht also verübeln, dass sie in Braunschweig nicht heimisch wurde?

Auguste wünschte sich ein Zuhause, wie sie es von England gewohnt war, umgeben von weitläufigen Landschaftsgärten. Nicht zuletzt aufgrund der stattlichen Mitgift, die sie in die Ehe einbrachte, wurde ihr Wunsch erfüllt. Der passende Ort war schnell gefunden: auf dem Zuckerberg, nahe der Oker. Dieser Platz war perfekt, ähnelte er doch so sehr dem englischen Richmond Hill mit Blick auf die Themse.

Mit dem Bau des Schlosses wurde der braunschweigische Hofbaumeister Carl Christoph Fleischer beauftragt, doch auch der weit gereiste Erbprinz (er kannte die zeitgenössische Architektur aus Italien und Frankreich) und seine Ehefrau ließen es sich nicht nehmen, ihre Ideen einzubringen. So entstand ein für damalige Verhältnisse ultramodernes Palais.

Zeitgleich wurde die Gestaltung des Gartens in Angriff genommen. Schon vor Baubeginn hatte Auguste den Obergärtner des englischen Königshauses, Lancelot Brown, als Berater involviert, denn er hatte das englische Vor-

▶ Das Schloss Richmond war einst ein sehr modernes Palais im Geiste der Zeit

Das Gebiet rund um das Schloss Richmond eignet sich für gemütliche Spaziergänge

bild angelegt und kannte sich somit bestens mit dieser Materie aus. Obwohl Brown das Braunschweiger Gelände nicht mit eigenen Augen gesehen hatte, entwickelte er basierend auf Zeichnungen und Kartenmaterial die Pläne für den neuen Park. Der Landschaftsgarten war, wie von der Prinzessin gewünscht, im englischen Stil gehalten. Dieser unterschied sich stark von den in Deutschland vorherrschenden Barockgärten: Während die Barockgärten ein geradezu steriles Erscheinungsbild hatten, mit klaren Strukturen, bezauberten die englischen Landschaftsgärten durch ihre Naturbelassenheit. Es sollte dabei eine harmonische Verbindung zwischen Natur und Architektur entstehen, mit Sichtachsen und einem Fernblick bis zum Harz. Die Besucher des Gartens sollten ein Gefühl von Freiheit erleben, der Garten sollte zum Träumen und Philosophieren anregen. So wurde der Braunschweiger Park einer der ersten im Stil eines englischen Landschaftsgartens auf deutschem Boden. Die Braunschweiger waren – mit heutigen Worten – echte Trendsetter.

Über viele Jahre verfiel der Park zusehends, bis 1987 wieder mit der Parkpflege begonnen wurde. Heute nutzen die Braunschweiger den Park zum Entspannen, Picknicken, Radfahren und Spazierengehen. Das Schloss mit seinen prunkvollen Festräumen ist nur im Rahmen von Führungen oder Veranstaltungen geöffnet.

Übrigens: Die Braunschweiger sprechen den Namen des Schlosses mal englisch, mal französisch aus. Woher das kommt? Zur Zeit der Prinzessin Auguste sprach man bei Hofe noch vornehm Französisch. So wurde – und wird teilweise immer noch – der Name Richmond in der französischen Variante ausgesprochen, obwohl er sich doch eigentlich auf seinen englischen Namensvetter bezieht.

Wolfenbütteler Straße 55 • Bus und Straßenbahn: Haltestelle Richmondweg

5 HAUPTFRIEDHOF S. 74

Der Braunschweiger Hauptfriedhof, der 42 Hektar umfasst, ist der größte kirchliche Friedhof Deutschlands. Insgesamt sind hier 34.000 Grabstellen zu finden. Er dient vielen bekannten Braunschweigern als letzte Ruhestätte, darunter dem Dichter Wilhelm Raabe († 1910) und dem Industriellen Heinrich Büssing († 1929). Des Weiteren beherbergt der Friedhof Gräberfelder für die Opfer des Ersten und Zweiten Weltkriegs. Seit 1994 stellt er auch ein Gräberfeld für muslimische Verstorbene zur Verfügung.

Wem die friedhöfliche Atmosphäre nicht unangenehm ist, der findet hier ein idyllisches Fleckchen Stille inmitten der Großstadt. Das Areal lädt zu Spaziergängen ein, vorbei an altem Baumbestand, plätschernden Springbrunnen und historischen Gräbern.

Helmstedter Straße 38 • Straßenbahn: Haltestelle Hauptfriedhof • Mitte Feb.–Mai 7–18 Uhr, Apr.–Sept. 7–20 Uhr, Okt. 7–18 Uhr, Nov.–Mitte Feb. 7–17 Uhr

6 RIDDAGSHAUSEN S. 74

ENTDECKER-TIPP

Man schrieb das Jahr 1145, als sich hier Zisterziensermönche aus Amelungsborn, etwa 100 Kilometer südwestlich von Braunschweig, niederließen und das Tochterkloster „Marienzelle" gründeten. Angelockt wurden sie durch Ludolf von Wenden, der im Dienste der Welfen stand und den Mönchen Land überschrieben hatte.

Die Zisterzienser waren für ihr landwirtschaftliches Talent bekannt. Sie verfügten u. a. über ein enormes Wissen im Bereich des Gartenbaus, kannten sich mit Arzneikräutern aus und förderten die Fischzucht. So nutzen sie ihre Fertigkeiten, um das sumpfige Gebiet rund um ihr neues Kloster in fruchtbare Felder zu verwandeln. Außerdem stauten sie die umliegenden Gewässer und erschufen damit Fischteiche.

Um den frisch gegründeten Konvent zu fördern, schenkte Heinrich der Löwe den Zisterziensermönchen 1146 die ans Kloster angrenzende Siedlung „Ritdageshvsen", aus der man unschwer den heutigen Namen herauslesen kann. Von heute auf morgen gehörte den Mönchen sämtliches Land der Siedlung, dazu die Arbeitskraft der Bewohner. Im Gegenzug erhielt das Kloster nun auch den Namen der Siedlung. So wurden Kloster und Siedlung eins.

Klosterpforte/Torhaus Durch das Torhaus gelangen Sie in den inneren Klosterbezirk. Ein Pförtner hielt hier früher Wache, begrüßte die Ankommenden und versorgte die Pilger. Noch heute hat man den Eindruck, beim Durchqueren der Klosterpforte (erbaut 1147) in eine andere Welt zu gelangen. Plötzlich verebbt der Verkehrslärm und eine himmlische Stille tritt ein. Abgeschieden vom gehetzten Alltag fällt es auf einmal leicht, zur Ruhe zu kommen. An sonnigen Tagen werden Sie oft auf Einheimische treffen, die hierherkommen, um ungestört nachzudenken, zu lesen oder einfach nur die Seele baumeln zu lassen.

Klostergang 64 • Zisterziensermuseum im Torhaus: Sa./So. 12–17 Uhr

Klosterkirche St. Mariae Gegenüber den alten Wirtschaftsgebäuden des Klosters befindet sich die Klosterkirche St. Mariae. Sie zählt – neben dem Magdeburger Dom – zu den ältesten gotischen Bauwerken in Deutschland. Zur Baugeschichte existieren nur lückenhafte schriftliche Überlieferungen. Es ist dennoch relativ sicher, dass der Baubeginn im Jahr 1216 war. Diese Jahreszahl geht aus einer Urkunde des Kaisers Otto IV. hervor, der eine vogtähnliche Stellung über das Kloster genoss.

Kaiser Ottos Einfluss auf das Kloster Riddagshausen erklärt wiederum, warum der relativ kleine Konvent eine so große Kirche erhielt: Es ging – wie so oft – um das Thema Macht und Ansehen. Otto IV. wollte eine repräsentative Kirche in „seinem" Kloster sehen, die es mit den staufischen Bauten, aber auch mit anderen Zisterzienserkirchen aufnehmen konnte. Der Bau war, entsprechend der Philosophie des Zisterzienserordens, zunächst recht schlicht gehalten, im Laufe der Jahre integrierte man jedoch andere „moderne" Einflüsse und ging zum gotischen Baustil über. Geweiht wurde die Kirche schließlich im Jahr 1275, nach knapp 60 Jahren Bauzeit. Auch im Innern sorgte man in den späteren Jahrhunderten für reiche Verzierungen, beispielsweise im Bereich der Kanzel (1622), am Taufbecken (1562) und dem Hochaltar (1735). Von der ursprünglichen mittelalterlichen Ausstattung ist heute leider nichts mehr erhalten.

Als Baumaterial verwendete man für die Kirche Rogen- und Kalkstein. Der Rogenstein stammt vom Nussberg, einer kleinen Erhebung zwischen Riddagshausen und Braunschweig (heute Teil des Prinz-Albrecht-Parks). Der Kalkstein wurde aus dem Elm geholt, was für damalige Verhältnisse einen ziemlich großen Aufwand bedeutete, denn pro Strecke mussten rund 25 Kilometer zurückgelegt werden.

Die 86 Meter breite und 30 Meter lange Klosterkirche setzt sich aus einem Chor, einem Querhaus und einem dreischiffigen Langhaus zusammen, wobei der gesamte Bau

▶ Die Klosterkirche wurde im Jahr 1275 geweiht

Ländlicher Charme in Riddagshausen

gewölbt ist. Seit der Reformation fungiert sie als evangelische Gemeindekirche.

Klostergang 57 • Di.–So. 10–16 Uhr • www.klosterkirche-riddagshausen.de

Klostergarten Der Klostergarten, versteckt hinter der Kirche angelegt, wurde auf der Basis alter Gartenbeschreibungen rekonstruiert. Er steht seit 2004 allen Interessierten offen und beherbergt teilweise Pflanzen, die schon die Mönche im Mittelalter zogen. Die Gartenanlage besteht aus drei Bereichen: Kräuter-, Gemüse- und Obstgarten. Früher war der Kräutergarten geradezu lebensnotwendig, denn die Mönche besaßen ein ausgeprägtes Wissen rund um die Heilkraft der Kräuter. Heute kann man den wohlriechenden Kräutergarten, in dem sich die Düfte von Lavendel mit Oregano und Thymian vermischen, sogar als Lehrpfad betrachten. Wer weiß schon, wie Balsamkraut, Weißer Senf oder Wermut aussehen? Besonders gelungen sind auch der „Garten der Gifte" und der „Garten der Liebe", bestückt mit den hierzu passenden „Zauberpflanzen".

Der Gemüsegarten kommt auf den ersten Blick ganz klassisch daher, beherbergt aber auch Exoten wie die Artischocke.

Der Obstgarten war, wie auch der Gemüsegarten, für die Mönche eine wichtige Quelle der Selbstversorgung. Er liegt in der Nähe der Siechenkapelle (1305 erbaut), in der die Kranken weitab von allen anderen beten konnten. Ihre Unterkunft lag – ebenfalls außerhalb der üblichen Schlafräume – gleich neben der Kapelle. So konnten die Erkrankten sich wenigstens an der Blütenpracht der Obstbäume erfreuen.

Klostergang 57

Das Naturschutzgebiet Riddagshausen Wer Natur mag, der wird das Naturschutzgebiet Riddagshausen lieben. Es waren die fleißigen Zisterziensermönche, die das einst unwegsame, sumpfige Gebiet in eine vielfältige Kulturlandschaft verwandelten.

Schon seit 1936 besitzt die Gegend rund um Riddagshausen, Gliesmarode, Schapen und Weddel den Status eines Naturschutzgebietes, was die drohende Bebauung dieses Areals verhinderte. Seit 2002 ist es zudem offizielles EU-Vogelschutzgebiet.

Mit einer Fläche von etwa 526 Hektar ist es groß genug für ausgiebige Spaziergänge oder Radtouren. Die Wege führen um stattliche Teiche herum, einst von den Mönchen zur Fischzucht angelegt, darunter Kreuzteich, Mittelteich und Schapenbruchteich. Vorbei an Röhrichtflächen, Feuchtwiesen und Weiden können aufmerksame Wanderer hier seltene Pflanzen- und Insektenarten entdecken. Auch bedrohte Vogelarten, die auf der Roten Liste gefährdeter Arten stehen, haben im Riddagshäuser Naturschutzgebiet ihr Zuhause – z.B. die Rohrdommel und das Tüpfelsumpfhuhn. Uralte Eichen in den Wäldern des Naturschutzgebietes gewähren darüber hinaus Fledermäusen und Spechten Unterschlupf.

Wer schnell noch sein naturkundliches Allgemeinwissen aufbessern möchte, der ist im „Arboretum", das in der Buchhorst liegt, am richtigen Platz: Es beherbergt 80 verschiedene Baumarten, die mit Schildern beschriftet sind, und dient so als Lehrpfad für Groß und Klein.

Gleich daneben liegt ein Wildgatter, das vor allem für Kinder ein Erlebnis ist.

Das Hirschgehege im Naturschutzgebiet Riddagshausen

AUSFLÜGE IN DIE UMGEBUNG

Rund um Braunschweig liegen spannende Reiseziele: Kulturliebhaber folgen den umtriebigen Herzögen nach Wolfenbüttel und Königslutter, während Technik-Freaks in Wolfsburg Science-Fiction pur erleben. Schöppenstedt erwartet Sie dagegen in närrischer Stimmung. Die auf den folgenden Seiten aufgelisteten Ziele sind übrigens allesamt problemlos mit Bus und Bahn erreichbar.

siehe große Karte S. 90

SEHENSWERTES

Wolfenbüttel Herzog-August-Bibliothek, Lessinghaus, Schloss S. 92 1

Königslutter Kaiserdom S. 95 2

Schöppenstedt Till Eulenspiegel-Museum S. 97 3

Wolfsburg Autostadt, Outlet-Center, phaeno, BadeLand S. 98 4

Gifhorn Internationales Wind- und Wassermühlen-Museum, Schloss S. 101 5

Goslar Kaiserpfalz, Huldigungssaal im Rathaus, Rammelsberg S. 104 6

Wernigerode Schloss, Harzer Schmalspurbahn mit Fahrt auf den Brocken S. 107 7

Till Eulenspiegel-Museum in Schöppenstedt

Höfen
Gerstenbüttel
Aller
Ettenbüttel
Neubokel
188
Gut Hardesse
Isenbüttel
Brenneckenbrück
5
Gifhorn
33
34
18
188
Westerbeck
Bokensdorf
Jembke
Hoitlingen
Eischott
248
Brackstedt
Verlstove
Tappenbeck
WERDER
Ohof
Oker
Dalldorf
Winkel
46
48
Ribbesbüttel
BARNBRUCH
Weyhausen
WARMENAU
ALTWOLFSB
VORSFELDE
41
55
56
26
Plockhorst
Leiferde
Isenbüttel
Calberlah
4
44
45
27
NEUH
Hillerse
Vollbüttel
FALLERSLEBEN
144
Alvesse
Warmbüttel
Ohnhorst
Edesbüttel
LAAGBERG
Wolfsburg
Ehmen
Adenbüttel
4
Meine
Mittellandkanal
Allenbüttel
Mörse
DETMERODE
NORDSTEIMKE
Wipshausen
Rethen
Klein Brunsrode
Barnstorf
Mödesse
Wense
Papenteich
Essenrode
Meerdorf
214
Vordorf
Groß Brunsrode
Hattorf
Harvesse
Schwülper
Thune
Flechtorf
Almke
2
Bevenrode
Heiligendorf
Wendeburg
Wenden
Bechtsbüttel
Lehre
Glentorf
Neindorf
Peine
VELTENHOF
HONDELAGE
2
Fürstenau
WATENBÜTTEL
KRALENRIEDE
Rotenkamp
Ochsendorf
Woltorf
Bortfeld
392
ÖLPER
QUERUM
Volkmarode
Scheppau
Beienrode
Braunschweig
Vechelade
LEHNDORF
GLIESMARODE
Schoderstedt
Sierße
SCHAPEN
Bornum
391
Cremlingen
2
38
49
1
Vechelde
WESTSTADT
TIMMERLAH
1
Königslutter am Elm
Sonnenberg
RAUTHEIM
Bodenstedt
SÜDSTADT
Sunstedt
Sickte
Veltheim
ELM-LAPPWALD
Rüningen
MELVERODE
MASCHERODE
Lelm
Lengede
Alvesse
STÖCKHEIM
Lucklum
Erkerode
43
Evessen
39
Thiede
Salzdahlum
Apelnstedt
Hachum
Kneitlingen
Bleckenstedt
248
Wolfenbüttel
Eilum
Sambleben
Salzgitter
Hallendorf
1
42
43
25
Schöppenstedt
Adersheim
Groß Denkte
Weferlingen
3
58
54
WATENSTEDT
HEERTE
42
45
51
53
Groß Vahlberg
Dahlum
Wittmar
BARUM
395
Ohrum
Berklingen
Rehmlingen
N
Gebhardshagen
Oderwald
82
Warle
W
O
Cramme
Groß Biewende
Uehrde
Ingeleben
S
Dorstadt
Semmenstedt
Barnstorf
Salzgitter
Bornum
Timmern
Gevensleben
Beierstedt
Beinum
Roklum
Heiningen
Winnigstedt
Ohlendorf
Börßum
Hedeper
Mattierzoll
Haverlah
Achim
Seinstedt
Großes Bruch
Gielde
Schladen
Rohrsheim
Hohenrode
Rhoden
Großer Fallstein
Hessen
Liebenburg
395
Groß Döhren
Hoppenstedt
79
248
Beuchte
Lengde
Bühne
Lutter Barenberge
Innerste
Stötterlingen
Dardesheim
Wülperode
Osterwieck
Deersheim
Weddingen
6
Hahndorf
Berßel
Lüttgenrode
44
Zilly
Langelsheim
82
Vienenburg
Schauen
41
22
44
Goslar
Abbenrode
6
Wasserleben
36
6
35
40
23
Harlingerode
Bettingerode
Stapelburg
37
19
20
21
Eckertal
7
39
24
52
HARZ
241
47
50
57
Bad Harzburg

SEHENSWERTES

1 Wolfenbüttel S. 92
2 Königslutter S. 95
3 Schöppenstedt S. 97
4 Wolfsburg S. 98
5 Gifhorn S. 101
6 Goslar S. 104
7 Wernigerode S. 107

GASTRONOMIE

33 Panorama Café im Gifhorner Wasserturm S. 119
34 Schlossrestaurant Zentgraf S. 120
35 Die Wortmühle S. 120
36 Weite Welt S. 120
37 Steinberg Alm S. 120
38 China Garden S. 120
39 Altwernigeröder Kartoffelhaus S. 121
40 Café am Markt S. 121
41 Ratskeller S. 121
42 Da Giovanni S. 121
43 Wan Bao S. 121
44 Pizza AMano S. 121
45 Beefclub S. 121

ÜBERNACHTUNG

18 City Hotel S. 129
19 Hotel Alte Münze S. 129
20 Hotel Der Achtermann S. 129
21 Hotel Kaiserworth S. 129
22 Harzer Kultur- und Kongresshotel S. 129
23 Travel Charme Gothisches Haus S. 129
24 Ringhotel Weißer Hirsch S. 129
25 Parkhotel Altes Kaffeehaus S. 129
26 Einschlaf S. 129
27 The Ritz-Carlton S. 129

KULTUR UND FREIZEIT

41 Autostadt S. 136
42 Archäologisches Museum S. 136
43 Burg Warberg S. 136
44 Eisenbahnmuseum Vienenburg S. 136
45 Herzog-August-Bibliothek S. 136
46 Historisches Museum Schloss Gifhorn S. 136
47 Huldigungssaal im Goslarer Rathaus S. 136
48 Internationales Wind- und Wassermühlen-Museum S. 136
49 Kaiserdom Königslutter S. 137
50 Kaiserpfalz Goslar S. 137
51 Lessinghaus S. 137
52 Museum im Schloss Wernigerode S. 137
53 Museum im Schloss Wolfenbüttel S. 137
54 paläon S. 173
55 phaeno S. 137
56 Planetarium Wolfsburg S. 137
57 Rammelsberg S. 137
58 Till Eulenspiegel-Museum S. 137

1 WOLFENBÜTTEL S. 90

1432 wurde Wolfenbüttel zur ständigen Residenz der Herzöge von Braunschweig und Lüneburg, was der Stadt einen mächtigen Aufschwung brachte. Prächtige Bauten entstanden, berühmte Künstler wie der Komponist Michael Praetorius („Es ist ein Ros' entsprungen") und der und der Philosoph und Bibliothekar Gottfried Wilhelm Leibniz fanden ihren Weg in die Stadt.

1753, in politisch instabilen Zeiten, verlegte Herzog Carl I. die Welfenresidenz wieder zurück nach Braunschweig, Wolfenbüttel verfiel daraufhin in einen Dornröschenschlaf. Zurückgeblieben sind jedoch nicht nur die architektonischen Spuren der Welfen.

Herzog-August-Bibliothek Absoluter Höhepunkt der Stadt ist die Herzog-August-Bibliothek, die heute Forscher aus aller Welt anzieht. Die Bibliothek beherbergt insgesamt rund eine Million Medien, etwa 11.800 mittelalterliche Handschriften sowie 3.500 Inkunabeln (Wiegendrucke).

Besonders wertvoll ist das Original des Evangeliars Heinrichs des Löwen, das seit 1989 in der Bibliothek verwahrt wird. Es gilt als das „teuerste Buch der Welt", seit es 1983 für 32,5 Millionen DM den Besitzer wechselte – ein deutscher Banker hatte es bei Sotheby's in London im Auftrag der deutschen Bundesregierung erstanden, nachdem es zuvor quer durch Europa gewandert war und zeitweise als verschollen galt. Die finanziellen Mittel hierfür brachten das Land Niedersachsen, Bayern, der Bund sowie die Stiftung Preu-

Die Herzog-August-Bibliothek genießt weltweit einen ausgezeichneten Ruf

ßischer Kulturbesitz auf. Auch die Bürger rund um Braunschweig und Wolfenbüttel beteiligen sich seitdem rege mit Spenden.

Die Handschrift wurde von Heinrich dem Löwen 1188 in Auftrag gegeben. Erstellt wurde sie im Benediktinerkloster Helmarshausen, das damals den besten Ruf für aufwendige Handschriften genoss. Ein fleißiger Mönch namens Herimann fertigte das Buch aus 226 Pergamentblättern und bebilderte es reichhaltig – aus heutiger Sicht ein einzigartiges Zeugnis mittelalterlicher Buchkunst. Die meiste Zeit über ist für Besucher der Bibliothek nur ein Faksimile des Evangeliars zu sehen, doch auch dieses ist beeindru-

LESSING IN WOLFENBÜTTEL

Die Stadt Wolfenbüttel war nur eine von vielen Stationen im Leben des Gotthold Ephraim Lessing. Und doch: Seine Zeit in Wolfenbüttel war eine besondere. Als er 1771 hierherkam, war er einerseits froh über die feste Anstellung an der Wolfenbütteler Bibliothek. Endlich würde er, der zwar berühmt, aber chronisch pleite war, ein regelmäßiges Gehalt beziehen und zudem eine freie Wohnung im alten Residenzschloss gegenüber der Bibliothek beziehen. Darüber hinaus war die Bibliothek europaweit bekannt, also eine ausgezeichnete Referenz für seine Karriere. Andererseits war er dazu verdammt, in der Provinz sein Dasein zu fristen. Lessing liebte Hamburg, wo er an aufgeschlossenen Gesellschaften teilnehmen und angeregte Diskussionen führen konnte. Wolfenbüttel dagegen war ein kleines verschlafenes Nest, das seit dem Umzug der Herzöge zurück nach Braunschweig deutlich an Glanz verloren hatte. Sollte er sich das wirklich antun? Schließlich siegte die Vernunft und Lessing kam nach Wolfenbüttel. Die Einsamkeit als Bibliothekar machte ihm jedoch mehr zu schaffen, als er ursprünglich wohl geglaubt hatte. Gerdaezu schwermütig wurde Lessing in der Kleinstadt. Oft flüchtete er nach Braunschweig, wo mehr Leben tobte. Alles änderte sich jedoch im Jahr 1776: Die Liebe seines Lebens, die seit 1770 verwitwete Eva König, heiratete ihn nach vielen Jahren des gegenseitigen Begehrens im Oktober 1776 und kam mitsamt ihren Kindern aus erster Ehe nach Wolfenbüttel. Gemeinsam zogen sie ins Meissner'sche Haus, gleich um die Ecke der Bibliothek. Lessings trostlose Zeit im viel zu großen und kalten Schloss war endlich vorbei! Gemeinsam mit Eva König fing für Lessing, den ewigen Junggesellen, ein neues, glückliches Leben an. 1777 zogen die Eheleute in das heute als Lessinghaus bekannte Wohnhaus um. Das alte Heim war zu klein geworden, denn die mittlerweile 41-jährige Eva König war schwanger. Doch das Glück der Liebenden sollte ein jähes Ende finden: Eva starb rund zwei Wochen nach der Geburt ihres Sohnes, der selbst nur einen Tag am Leben bleiben sollte. Für Lessing brach eine Welt zusammen. Von diesem Schicksalsschlag sollte er sich mental nie mehr erholen. Zurückgezogen im Sterbezimmer seiner Frau verfasste er das Drama „Nathan der Weise", das 1779 veröffentlicht wurde. 1781 starb er in Braunschweig.

Im heutigen Lessinghaus lebte der Dichter und schrieb seine wichtigsten Stücke

ckend in seinen Farben und Ausführungen.

Lessingplatz 1 • 38304 Wolfenbüttel • Tel.: 05331 8080 • www.hab.de • Di.–So. 10–17 Uhr

Lessinghaus Gleich neben der Herzog-August-Bibliothek steht das Lessinghaus. Von 1777 bis zu seinem Tode 1781 diente es Lessing, der in Wolfenbüttel als Bibliothekar tätig war, als Wohn- und Arbeitsstätte. Hier verfasste er kurz vor seinem Tod eines seiner berühmtesten Stücke: „Nathan der Weise". Heute befindet sich in den Räumlichkeiten ein Museum.

Lessingplatz 1 • 38304 Wolfenbüttel • Tel.: 05331 8080 • Di.–So. 10–17 Uhr

Schloss Das herzogliche Schloss, gegenüber von Bibliothek und Lessinghaus gelegen, ist eines der größten noch erhaltenen Schlösser Niedersachsens. Sein heutiges Aussehen erhielt es im 18. Jh. Beim Überqueren der Brücke begrüßt Sie das Portal des Schlosses mit dem Wappen des Herzogs August Wilhelm. Heute beherbergt das Schloss u. a. ein Gymnasium sowie das Schlossmuseum, welches Sie

NACH WOLFENBÜTTEL MIT DEM ÖPNV (13 KM)

Bus: ab Braunschweig verkehrt die Linie 420 (z. B. ab Haltestelle Rathaus bis Haltestelle Wolfenbüttel-Kornmarkt), Fahrtzeit ca. 25 Min.

Zug: ab Braunschweig Hbf., stündliche Verbindungen, Fahrtzeit ca. 10 Min.

Bibliothek, Schlossmuseum und Lessinghaus sind dann in ca. 5 Gehminuten erreichbar.

Blick ins Schlossmuseum Wolfenbüttel

durch das herzogliche Appartement führt.

Schlossplatz 13 • 38304 Wolfenbüttel • Tel.: 05331 92460 • www.schlosswolfenbuettel.de • Di.–So. 10–17 Uhr

2 KAISERDOM IN KÖNIGSLUTTER S. 90

Die „Domstadt am Elm" trägt ihren Namen zu Recht: Der Kaiserdom, eigentlich Stiftskirche St. Peter und Paul, gehört zu den wichtigsten niedersächsischen Kulturdenkmälern der Romanik und bietet ein atemberaubendes Innenleben.

Kaiser Lothar III., der Großvater Heinrichs des Löwen, legte im Jahr 1135 den Grundstein für diesen imposanten Bau, verstarb jedoch noch während der Bauarbeiten auf einer Rückreise aus Italien. Die Gebeine Lothars wurden nach Königslutter überführt, sodass er in „seiner" noch unfertigen Kirche beigesetzt werden konnte. Neben ihm bestattete man später seinen Schwiegersohn Heinrich den Stolzen († 1139) sowie seine Ehefrau Richenza († 1141).

Für die Fertigstellung der Stiftskirche sorgte schließlich Heinrich der Löwe. Die Bauarbeiten sollten noch knapp 35 Jahre in Anspruch nehmen.

Von besonderer künstlerischer Bedeutung sind die Bildhauerarbeiten, ausgeführt von italienischen

NACH KÖNIGSLUTTER MIT DEM ÖPNV (23 KM)

Zug: ab Braunschweig Hbf., stündliche Verbindungen, Fahrtzeit ca. 15 Min.

Der Kaiserdom ist dann in ca. 15 Gehminuten erreichbar.

A ω

Steinmetzen, echten Meistern ihres Handwerks. Sie schufen einen Skulpturenschmuck, der die Bedeutsamkeit des kaiserlichen Gründers veranschaulicht.
In den letzten Jahren fanden umfangreiche Sanierungsmaßnahmen statt, sodass der Dom heute wieder in vollem Glanz erstrahlt.

Vor dem Kaiserdom • 38154 Königslutter am Elm • Tel.: 05353 912202 • www.koenigslutter-kaiserdom.de • Apr.–Okt. 9–18 Uhr, Nov.–März 9–17 Uhr

3 TILL EULENSPIEGEL-MUSEUM IN SCHÖPPENSTEDT S. 90

Till Eulenspiegel war ein Schelm. Als er um 1330 nach Braunschweig kam, bat er einen Bäcker um Arbeit. Dieser stellte ihn tatsächlich ein und beauftragte Till, die Backwaren für den kommenden Tag zu backen. Auf die Frage, was er denn genau backen solle, antwortete der Bäcker genervt: „Von mir aus Eulen und Meerkatzen." Diese Antwort kam Till Eulenspiegel gerade recht: Fleißig machte er sich ans Werk und buk die Eulen und Meerkatzen, woraufhin ihn der Bäcker wutentbrannt am nächsten Tag fortjagte. Till Eulenspiegel jedoch nahm das Gebäck mit sich und verkaufte es gewinnbringend in der Stadt.
Von dieser und vielen anderen Sagen erzählt das Till Eulenspiegel-Museum in Schöppenstedt. Ob Till Eulenspiegel wirklich gelebt hat, das kann heute niemand mit Sicherheit sagen. Die Geschichten, die sich um ihn ranken, sind jedoch legendär. Angeblich kam er um das Jahr 1300 in dem Dorf Kneitlingen, ganz in der Nähe von Schöppenstedt, zur Welt und sorgte zeit seines Lebens für Wirbel, da er seine Mitmenschen stets beim Wort nahm und dadurch kuriose Situationen herbeiführte.
Einige Geschichten wurden vertont und erwarten Sie im Museum an einer Audio-Station. In kurzen Hörspiel-Sequenzen erfahren Sie z. B., wieso Till Eulenspiegel gleich drei Mal an einem Tag getauft wurde, wie er seinen Vater hereinlegte und wie er als Diener eines reichen Kaufmanns Unfug trieb. Eine andere Station zeigt auf Knopfdruck eine regionale Zuordnung der Sagen. So können Sie herausfinden, ob der wandernde Narr auch in Ihrer Heimatstadt seine Mitmenschen mit Späßen gequält hat. Neben Bildern, Porzellanfiguren und Illustrationen erwarten Sie auch alte, teils sehr kostbare Buchausgaben in diversen Sprachen.

◀ Der prächtige Kaiserdom in Königslutter lohnt einen Besuch

NACH SCHÖPPENSTEDT MIT DEM ÖPNV (25 KM)

Zug: ab Braunschweig Hbf., stündliche Verbindungen, Fahrtzeit ca. 30 Min.
Das Museum ist dann in ca. 10 Gehminuten erreichbar.

Was für Kinder einfach nur lustig ist, lässt die Erwachsenen am Ende des Museumsbesuchs ins Grübeln kommen: Vielleicht war Till Eulenspiegel nicht nur ein törichter Bursche, sondern vielmehr ein weiser Mann, der seine Mitmenschen auf Unzulänglichkeiten und Missstände hinwies?

Nordstraße 4a • 38170 Schöppenstedt • Tel.: 05332 6158 • www.eulenspiegel-museum.de • Di.–Fr. 14–17 Uhr, Sa./So. 11–17 Uhr •

TIPP Wenn Sie erst um 16 Uhr in die „Autostadt" gehen, gilt der bezahlte Eintritt als Verzehrgutschein in allen Restaurants der „Autostadt". Dann haben Sie zwei Stunden Zeit, die „Autostadt" anzusehen, und können danach entspannt „zum Nulltarif" eine Kleinigkeit essen. Das Familienrestaurant „Pizza AMano" eignet sich hierfür ideal.

4 WOLFSBURG S. 90

Wolfsburg ist die Autometropole Niedersachsens. Hier befindet sich der Stammsitz des Volkswagen-Konzerns. Dazu kommen unzählige Automobilzulieferer in der näheren Umgebung. Die Stadt hat also einen klaren Fokus: die Industrie! Früher litt Wolfsburg unter dem etwas schäbigen Ambiente. In den letzten Jahren hat man allerdings viele Attraktionen geschaffen, die eine Fahrt nach Wolfsburg lohnenswert machen.

Autostadt Eine Erlebniswelt rund um das Thema Mobilität. Auf dem 28 Hektar großen Areal wurden acht Pavillons errichtet, in denen sich die Konzernmarken des Volkswagen Konzerns mit ihren Werten präsentieren. Zum Konzept gehören auch kulturelle Veranstaltungen wie die Movimentos Festwochen sowie Sommer- und Winterinszenierungen. Zu einer Reise durch die Automobilgeschichte lädt das ZeitHaus ein: Wertvolle Oldtimer und Ikonen des Automobildesigns reihen sich hier aneinander. Fahrsicherheitstrainings und steinige Fahrten über die Geländeparcours runden das Angebot ab (Extrakosten, auf Voranmeldung). Wer die frische Luft genießen möchte, der kann durch das weitläufige Gelände der Park- und Lagunenlandschaft flanieren oder im Sommer eine Schiffsfahrt machen. Den besten Überblick bietet die Aussichtsplattform in einem der beiden gläsernen AutoTürme: In 48 Metern Höhe kann man von hier aus an guten Tagen sogar den Harz sehen.

Stadtbrücke • 38440 Wolfsburg • Tel.: 0800 288678238 • www.autostadt.de • Mo.–So. 9–18 Uhr (Restaurants länger) •

designer outlets Gleich neben der „Autostadt" hat sich ein großes Outlet-Center angesiedelt, wobei vor allem hochpreisige Marken-

▶ Im gläsernen Turm warten die Neuwagen auf ihre Besitzer

Das „phaeno" ist eine futuristische Experimentierlandschaft in Wolfsburg

hersteller vertreten sind, z. B. Calvin Klein, Desigual oder Strenesse. Allgemein kann man sagen: viel Auswahl, aber trotz Reduzierung noch teuer. Für einen Bummel bei schlechtem Wetter jedoch ideal, da alle Shops dicht an dicht nebeneinander liegen.

An der Vorburg 1 • 38440 Wolfsburg • Tel.: 05361 893500 • www.designer outlets-wolfsburg.de • Mo.–Sa. 10–19 Uhr

phaeno Richtig futuristisch wird es im „phaeno", das ebenfalls in nächster Umgebung zur „Autostadt" gelegen ist. An 350 Experimentierstationen kann der Besucher Wissenschaft erleben – vom Feuertornado über Stromexperimente bis hin zu einer Zeitmaschine, die Sie in 20 Jahren zeigt. Das „phaeno" ist genial für alle Altersklassen.

Willy-Brandt-Platz 1 • 38440 Wolfsburg • Tel.: 0180 1060600 • www.pha eno.de • Di.–Fr. 9–17 Uhr, Sa./So. 10–18 Uhr •

BadeLand In der ganzen Region bei Jung und Alt beliebt ist das Wolfsburger „BadeLand". Im Badebereich mit mehr als 3.000 Quadratmetern Wasserfläche kommen Wasserratten voll auf ihre Kosten: Entspannungssuchende gehen in das 32 Grad warme Mediterranbad mit Außenbecken, Strö-

NACH WOLFSBURG MIT DEM ÖPNV (33 KM)

Zug: ab Braunschweig Hbf., stündliche Verbindungen, Fahrtzeit ca. 25 Min.

„Autostadt", „designer outlets" und „phaeno" befinden sich direkt am Bahnhof.

Das „phaeno" versetzt kleine und große Forscher ins Staunen

mungsfluss, Massagedüsen und Geysirgruppen. Echtes Urlaubsfeeling kommt spätestens im 30 Grad warmen Wellenbad auf, in dem Sie sich durch bis zu 1,20 Meter hohe Wellen kämpfen können. Sportlich Ambitionierten sei hingegen das Großschwimmbecken mit seinen zehn 50-Meter-Bahnen empfohlen. Aber natürlich ist auch für den Spaß von Kindern (und Junggebliebenen) gesorgt: Auf der Riesenrutsche „Black Hole" geht es über 110 Meter in die Tiefe. Wer dann noch nicht genug hat, probiert die 139 Meter lange Zwei-Reifen-Röhrenrutsche aus. Für die ganz Kleinen gibt es ein Nichtschwimmer- sowie ein Babybecken mit kleinen Spielereien. Auch die „SaunaLandschaft" ist gelungen: Zwölf Saunen aus verschiedenen Kulturkreisen laden zum Alltag-Vergessen ein. Außergewöhnliche Angebote wie das Blütendampfbad und eine außen gelegene Erdschwitzgrotte runden das Angebot ab.

Allerpark 4 • 38448 Wolfsburg • Tel.: 05361 89000 • www.badeland-wolfsburg.de • Sommersaison 15. Mai–14. Sept. BadeLandschaft Mo.–Sa. 8–22 Uhr, So. 8–20 Uhr, SaunaLandschaft Mo.–Sa, 9–22 Uhr, So. 8–20 Uhr • Wintersaison 15. Sept.–14. Mai BadeLandschaft Mo.–Fr. 6–22 Uhr, Sa. 8–22 Uhr, So. 8–20 Uhr, SaunaLandschaft Mo.–Do./Sa. 9–22 Uhr, Fr. 9–23 Uhr, So. 8–20 Uhr •

5 GIFHORN S. 90

Die Stadt Gifhorn mit ihren rund 43.000 Einwohnern liegt etwa 27 Kilometer nördlich von Braunschweig. Der Ort entwickelte sich im 12. Jh., praktisch gelegen am Wegekreuz einer alten Salz- und Kornstraße. Neben der schönen Altstadt mit ihren Fachwerkhäu-

sern aus dem 16. Jh. sind insbesondere das Gifhorner Schloss und das Internationale Mühlen-Freilichtmuseum sehenswert. Und auch das gastronomische Angebot stimmt: Hungrige Mägen werden mit regionaltypischen Gerichten wie Spargel, Heidschnucken- oder Ziegenspezialitäten aus der Lüneburger Heide verwöhnt.

Internationales Wind- und Wassermühlen-Museum Das Museum erfreut sich seit Jahren riesiger Beliebtheit und hat Gifhorn über die Stadtgrenzen hinaus als „Mühlenstadt" bekannt gemacht. Das Freilichtmuseum beherbergt die weltweit größte Sammlung von Mühlen in Originalgröße. Der Besuch gestaltet sich also als gemütlicher Spaziergang auf dem 15 Hektar großen Museumsgelände, vorbei an den architektonisch beeindruckenden Mühlen, die aus 14 verschiedenen Ländern stammen: Von Griechenland und Portugal geht die Reise weiter u. a. über Spanien, Frankreich, Schottland und Russland bis nach Korea. Ein echtes Highlight ist die Nachbildung der russisch-orthodoxen Holzkirche des heiligen Nikolaus, die sich ebenfalls auf dem Gelände befindet. Neben ihrer architektonischen Anmutung besticht die 1756 erbaute Christi-Verklärungskirche vor allem durch die Nachbildungen zahlreicher Ikonenmalereien. Natürlich wird auch für das leibliche Wohl gesorgt. Mitten auf dem Gelände befindet sich ein Niedersachsenhaus mit historischem Backofen. Sie sollten es sich nicht entgehen lassen, hier den Streuselkuchen und das ofenfrische Brot zu kosten!

Bromer Straße 2 • 38518 Gifhorn • Tel.: 05371 55466 • www.muehlenmuseum.de • 15. März–31. Okt. Mo.–So. 10–18 Uhr •

◀ Im Mühlenmuseum reisen Sie durch 14 Länder

NACH GIFHORN MIT DEM ÖPNV (27 KM)

Zug: ab Braunschweig Hbf., direkte Zugverbindung alle zwei Stunden, Fahrtzeit ca. 30 Min. Fußweg zum Schloss: etwa 15 Min., Weg zum Mühlenmuseum: ca. 3 km (Taxi empfehlenswert).

Renaissance-Schloss

Wuchtige Eckbastionen, breite Wassergräben – auch in Gifhorn haben die Welfen ihre Spuren hinterlassen. Die beiden Herzöge Ernst der Bekenner von Braunschweig-Lüneburg und sein Bruder Otto veranlassten 1525 den Bau eines Renaissance-Schlosses. 1539 vermachte Ernst das Schloss seinem Bruder Herzog Franz von Braunschweig und Lüneburg, der das Welfenschloss die folgenden zehn Jahre als Residenz nutzte. Das Kommandantenhaus bietet heute Platz für Ausstellungen, die sich mit der Geschichte des Schlosses befassen. Kirchengeschichtlich von besonderer Bedeutung ist die in den Museumsbereich integrierte Schlosskapelle aus dem Jahr 1547, die als ältester protestantischer Sakralbau Norddeutschlands gilt.

Historisches Museum Schloss Gifhorn • Schlossplatz 1 • 38518 Gifhorn • Tel.: 05371 8242225 • www.museen-gifhorn.de • Di.–Fr. 14–17 Uhr, Sa./So. 11–17 Uhr •

6 GOSLAR S. 90

Die tausendjährige Stadt Goslar, versteckt inmitten herrlicher Natur direkt am Harz gelegen, hat sich zu einem touristischen Magneten entwickelt. Mit ihrem historischen Flair und den kulturellen Schätzen versetzt die Kaiserstadt so manchen Besucher in Staunen. Nach der Besichtigung der kulturellen Höhepunkte sollten Sie es nicht versäumen, die einzigartige Atmosphäre der schmalen mittelalterlichen Gassen zu genießen. Die attraktiven Geschäfte in der historischen Altstadt machen zudem Lust auf eine gemütliche Shopping-Tour. Zum Abschluss lohnt sich ein Abstecher auf den Marktplatz mit seinen Cafés.

Übrigens: Die Altstadt und das am Rande von Goslar gelegene Erzbergwerk Rammelsberg wurden 1992 zum UNESCO-Weltkulturerbe erklärt. Die eindrucksvolle Auszeichnung hebt die Bedeutung des historischen Stadtkerns und die Zeugnisse des Bergbaus besonders hervor.

Kaiserpfalz Erster Anlaufpunkt in der Stadt ist die am Fuß des Rammelsbergs gelegene Kaiserpfalz,

Die Goslarer Altstadt ist UNESCO-Weltkulturerbe

Huldigungssaal im Rathaus von Goslar

die zwischen 1040 und 1050 unter Heinrich III. errichtet wurde. Sie gilt als ein einzigartiges Denkmal weltlicher Baukunst. Über 200 Jahre wurde von hier aus im Rahmen zahlreicher Reichs- und Hoftage deutsche und – nicht zuletzt – europäische Geschichte geschrieben. Mit ihrer umfangreichen Ausstellung zur Geschichte des Wanderkaisertums ist die Kaiserpfalz ein „Muss" für jeden kulturinteressierten Goslar-Besucher. Südlich schließt sich die Pfalzkapelle St. Ulrich an. Unter einer Grabplatte, ausgestaltet mit einer figürlichen Darstellung Heinrichs III., befindet sich das Herz des 1056 verstorbenen Kaisers.

Kaiserbleek 6 • 38640 Goslar • Tel.: 05321 3119693 • Apr.– Okt. Mo.–So. 10–17 Uhr, Nov.–März Mo.–So. 10–16 Uhr

Rathaus Die Gestaltung des Rathauses beschäftigte über die Jahrhunderte hinweg viele kreative Geister. Wie so viele Gebäude dieser Zeit wurde auch das Goslarer Rathaus diverse Male umgebaut: beginnend in der Mitte des 15. Jh.s mit dem Ostflügel, dessen Arkaden sich zum Marktplatz öffnen, wurde es über mehr als 400 Jahre durch immer neue Anbauten vergrößert. Bestimmend für den Gesamteindruck sind allerdings die Arbeiten aus dem 16. Jh. Jene Zeit gilt als Blütezeit Goslars, in der die Hansestadt und Freie Reichsstadt vom Aufschwung des Bergbaus profitierte. Seinen ursprünglichen Zweck erfüllt das Rathaus bis heute: der Goslarer Oberbürgermeister hat hier seinen Amtssitz und unter dem wunderschönen hölzernen Sternenhimmel der Säle

Das Erzbergwerk Rammelsberg in Goslar wurde bis 1988 betrieben

beraten die Ratsherren und -frauen über das Wohl der Stadt. Zumindest theoretisch, denn während der bis 2016 dauernden Sanierungsarbeiten müssen der OB und sein Team mit einem Ausweichquartier vorliebnehmen.

Absolut atemberaubend ist der spätgotische Huldigungssaal im Goslarer Rathaus, der zwischen 1505 und 1520 als Ratssitzungssaal eingerichtet wurde. Wände, die Decke und sogar Fensternischen sind vollständig mit Tafelgemälden ausgeschmückt. Jedes Gemälde für sich ist sehenswert, doch der Gesamteindruck sucht seinesgleichen. Um den Huldigungssaal vor dem (sonst sicheren) Verfall zu schützen, hat man ein ausgeklügeltes System an Sicherheits-, Klima- und Lichttechnik installiert. Ein Multimedia-Nachbau macht das Original jedoch für Besucher greifbar. Der Huldigungssaal ist auch während der Bauphase für Besichtigungen geöffnet.

Markt 1 • 38640 Goslar • Mo.–Fr. 11–15 Uhr, Sa./So. 10–16 Uhr

Erzbergwerk Rammelsberg

Glückauf! Die Besichtigung des Erzbergwerks Rammelsberg, das nur etwa 2,5 Kilometer von der Innenstadt entfernt ist, ist ein außergewöhnliches Erlebnis. Über 1.000 Jahre lang hat man hier Erz abgebaut. Das erst 1988 stillgelegte Bergwerk dient heute als Muse-

NACH GOSLAR MIT DEM ÖPNV (45 KM)

Zug: direkte Verbindungen ab Braunschweig Hbf., Fahrtzeit ca. 50 Min.

Kaiserpfalz und Rathaus sind vom Bahnhof zu Fuß erreichbar, zum Rammelsberg fährt die Buslinie 803.

um. In den Übertageanlagen des Industriedenkmals erfahren die Besucher allerlei Wissenswertes zur Geschichte des Bergbaus in der Region Goslar. Richtig spannend wird es allerdings unter Tage, denn erst am eigenen Leib kann man so richtig nachvollziehen, wie es sich anfühlt, tief im Innern der Erde zu arbeiten. Die Besucher können in den Berg einfahren und das 200 Jahre alte Stollensystem erkunden. Es werden verschiedene Führungen ins Berginnere angeboten: von einer bequemen Senioren-Tour bis hin zur Abenteuer-Tour, bei der die Teilnehmer wie echte Bergleute eingekleidet werden, bevor sie sich 800 Meter in die Tiefe vorwagen (Voranmeldung für Abenteuer-Tour erforderlich, alle anderen Touren unter Tage ohne Voranmeldung). Zu den berühmtesten Besuchern des Bergwerks zählt übrigens Johann Wolfgang von Goethe, der den Rammelsberg gleich zwei Mal befahren hat.

Bergtal 19 • 38640 Goslar • Tel.: 05321 7500 • www.rammelsberg.de • Mo.–So. 9–18 Uhr • • Hinweis: Kinder unter vier Jahren dürfen nicht unter Tage einfahren.

7 WERNIGERODE S. 90

Kultur, Natur, Wissenschaft – Wernigerode, mitten im Harz gelegen, hat von allem etwas zu bieten. Die Stadt trumpft mit gepflegten Fachwerkhäusern, romantischen Gassen und einem wunderschönen hoch über der Altstadt gelegenen Schloss auf. Gleichzeitig ist Wernigerode der perfekte Ausgangspunkt für Wanderungen im Harz. Auch Ausflüge zum Brocken, dem höchsten Berg des Mittelgebirges Harz, lassen sich von hier aus bes-

Ein besonderes Erlebnis: die Fahrt mit der Schmalspurbahn

NACH WERNIGERODE MIT DEM ÖPNV (60 KM)

Zug: alle zwei Stunden ab Braunschweig Hbf., umsteigen in Vienenburg, Fahrtzeit ca. 75 Min. Die Innenstadt ist vom Bahnhof zu Fuß erreichbar.

tens starten. Doch die Stadt mit ihren 35.000 Einwohnern baut nicht allein auf den Tourismus. Dank der Hochschule Harz, die hier einen Campus betreibt und sich großer Beliebtheit erfreut, leben zahlreiche Studenten in Wernigerode und sorgen für Leben in der Stadt.

Harzer Schmalspurbahn Eisenbahnromantik pur – und zwar nicht nur für Eisenbahn-Fans – bietet die Harzer Schmalspurbahn, die sich ab Wernigerode quer durch die Harzer Naturlandschaft schlängelt und bis zum 1.141 Meter hohen Brocken hinauffährt. Schnaufend bahnen sich die Dampfzüge ihren Weg, während der Fahrgast die wunderschöne Natur genießen kann. Wanderlustige steigen schon in Schierke aus und gehen den restlichen Weg zu Fuß. Oben auf dem Brocken angekommen, erwartet Sie nicht nur (zumindest bei gutem Wetter) eine atemberaubende Aussicht. Auch der Brockenwirt freut sich auf die Ausflügler und stärkt sie mit rustikalen Speisen. Ein ganz besonderes Erlebnis ist eine Übernachtung im Brockenhotel, das direkt auf der Gipfelspitze thront.

Harzer Schmalspurbahnen • Friedrichstraße 151 • 38855 Wernigerode • Tel.: 03943 5580 • Brockenbahn Linie 325: Haltestelle Wernigerode Westerntor • Fahrtzeit auf den Brocken ca. 90 Min. • Fahrplan auf www.hsb-wr.de •

◀ Hoch über der Stadt liegt das Wernigeröder Schloss

Schloss Wernigerode Das Schloss, das durch seine exponierte Lage einen weiten Blick über die Stadt und die Landschaft des Harzes bietet, ist die wichtigste Sehenswürdigkeit von Wernigerode. Wer gut zu Fuß ist, bewältigt den Aufstieg ohne Probleme. Wem das zu anstrengend ist, der benutzt einfach die gelbe „Wernigeröder Bimmelbahn", die von der Marktstraße (hinter dem Rathaus) hinauf zum Schloss fährt – und natürlich auch wieder hinunter (Mai–Okt. alle 20 Min., Nov.–Apr. alle 45 Min.). Im Schloss befindet sich ein Museum, das Einblicke in die fürstlichen Gemächer gewährt. Der geschichtliche Ursprung der Burg ist übrigens nicht hinreichend geklärt. Es gilt lediglich als gesichert, dass die Grafen zu Stollberg die Burg im 15. Jh. von den Grafen von Wernigerode mangels Erben übernahmen.

Museum im Schloss Wernigerode • Am Schloss 1 • 38855 Wernigerode • Tel.: 03943 553030 • www.schloss-wernigerode.de • Mai–Okt. Mo.–So. 10–18 Uhr, Nov.–Apr. Di.–Fr. 10–17 Uhr, Sa./So. 10–18 Uhr

KLEINE STADTGESCHICHTE

861 Nach einer Legende gründet Sachsenherzog Bruno in diesem Jahr die erste Siedlung auf dem Gebiet der heutigen Stadt Braunschweig. Schriftliche Belege hierfür konnten allerdings nie gefunden werden.

1031 Der Ort mit damaligem Namen Brunesguik wird zum ersten Mal urkundlich erwähnt, und zwar in Zusammenhang mit der Weihe der Kirche St. Magni. Im Laufe der folgenden Jahre wird daraus Brunswick bzw. Brunswiek, erst ab Mitte des 16. Jh.s ist der heutige Name Braunschweig in Gebrauch.

1117 Die Brunonin Gertrud von Braunschweig vererbt den Ort an ihre Tochter Richenza und ihren Gemahl, den sächsischen Herzog Lothar von Süpplingenburg. Er veranlasst umfangreiche Baumaßnahmen, die enorm zu einer Vergrößerung und Verschönerung der Stadt beitragen.

1125 Nach dem Tod des Königs Heinrich V. wird Lothar durch einen gewieften Schachzug zum neuen deutschen König ernannt: Um sich im Wahlausschuss die wichtigen Stimmen der Bayern zu sichern, verspricht Lothar seine Tochter Gertrud dem Sohn des bayerischen Herzogs. Diese stammen aus dem Haus der Welfen. Somit ist der Grundstein für den Einzug der Welfen nach Braunschweig gelegt.

1142 Der Welfe Heinrich der Löwe, Lothars Enkelsohn, macht Braunschweig zu seiner Residenz. Unter ihm blüht der Ort auf: Er veranlasst den Umbau der Burg Dankwarderode (ab 1160), die Erschaffung der Stiftskirche St. Blasii (ab 1173) sowie die Aufstellung des Burglöwen auf dem heutigen Burgplatz (1166). Darüber hinaus sorgt er für eine umfassende Stadtbefestigung. Seine Frau Mathilde, Tochter des englischen Königs, bringt Kunst und Kultur nach Braunschweig. Neue Stadtviertel entstehen, Handwerk und Gewerbe florieren.

um 1250 Nach und nach veräußern die Herzöge wichtige Rechte (z. B. die Zollerhebung) an den Rat der Stadt Braunschweig. Braunschweig wird Mitglied der Hanse. Da die Stadt äußerst günstig gelegen ist (im Schnittpunkt einiger Handelsstraßen sowie an der schiffbaren Oker), wird sie zu einem wichtigen Umschlagplatz für Waren. Der Hansebund unterstützt Braunschweig bei mehreren Belagerungen. Auf diese Weise kann die Stadt bis 1671 ihre Unabhängigkeit bewahren. Schwere Krisen erfährt die Stadt in dieser Zeit vor allem durch die Pest, die viele Menschenleben kostet, sowie durch blutige Ausschreitungen bei innerstädtischen Konflikten.

1671 Herzog Rudolf August und sein Bruder Herzog Anton Ulrich besetzen Braunschweig. Ihnen gelingt es nach kurzer

Belagerung, die geschwächte Stadt zu unterwerfen. Die politische Unabhängigkeit, für die man zuvor jahrhundertelang gekämpft hatte, ist vorbei.

1753 Herzog Carl I. beweist sich als aufgeklärter und nachhaltig agierender Herrscher. Er führt die Schulpflicht für Kinder vom 4. bis 14. Lebensjahr ein. Er gründet mit dem Fürstlichen Leihhaus den Vorläufer der heutigen Nord/LB, mit der Brandkasse den Vorgänger zur heutigen Öffentlichen Versicherung und mit der Porzellanmanufaktur Fürstenberg ein bis heute tätiges Unternehmen.

1772 Im Theater am Hagenmarkt findet die Welturaufführung von Lessings „Emilia Galotti" statt. Auch in den Folgejahren, unter Herzog Carl Wilhelm Ferdinand, gedeihen Wissenschaft, Kunst und Kultur. Unter anderem fördert er den Braunschweiger Mathematiker Carl Friedrich Gauß, nachdem dieser sich in der Schule als „Wunderknabe" entpuppt hatte.

1859 Der Bau eines neuen Opernhauses wird in Angriff genommen: das Herzogliche Hoftheater, heute das Braunschweiger Staatstheater. Zu seiner Zeit zählt dieses neue Theater zu den schönsten in Europa.

1944 Ein verheerender Luftangriff auf Braunschweig zerstört 90 Prozent der mittelalterlich geprägten Innenstadt.

ab 1950 Der Wiederaufbau wird schnell vorangetrieben, die Stadt wird „autogerecht" angelegt. Hierfür reißt man alte Stadtabschnitte, die im Krieg nicht beschädigt wurden, nieder. Breite, unschöne Straßenschneisen und Gebäude entstehen. Schon damals wurde diese Entscheidung von Diskussionen begleitet, heute gilt sie als klare Fehlentscheidung.
Durch die Teilung Deutschlands ist Braunschweig zum Zonenrandgebiet geworden. Braunschweig trifft dies hart, zumal die Stadt wirtschaftlich eher nach Osten als nach Westen ausgerichtet war.

seit 1990 Seit der Wiedervereinigung profitiert die Stadt Braunschweig wieder von ihrer zentralen Position in Deutschland. Industrie und Wissenschaft boomen. In der Stadt werden diverse Modernisierungs- und Umbaumaßnahmen in Angriff genommen, sodass sich das Stadtbild stetig verschönert.

2007 Der Neubau des Braunschweiger Schlosses an seiner ursprünglichen Stelle ist abgeschlossen. Braunschweig hat ein neues städtebauliches Highlight, das sich zum zentralen Dreh- und Angelpunkt entwickelt hat.

2016 Einführung eines kostenlosen, glasfaserbasierten WLAN-Netzes für Besucher der Innenstadt. Der „BS Hotspot" deckt die ganze Fußgängerzone sowie das Magniviertel ab.

DAVID
OUTLET
DAVID
OUTLET

GASTRONOMIE

Die Braunschweiger Gastronomie hat für jeden Geschmack etwas zu bieten – von Gaststätten mit gutbürgerlichem Essen über Restaurants mit exquisiten Speisen bis hin zu Cocktailbars und Beach Clubs.

BRAUNSCHWEIGER SPEZIALITÄTEN

1 Heimbs Café im Schloss Hier können Sie den leckeren Kaffee der Braunschweiger Rösterei Heimbs probieren, deren Geschichte bis ins Jahr 1880 zurückreicht. Platz am Ritterbrunnen 1 (1. OG in den Schloss-Arkaden) • Tel.: 0531 6149551 • Mo.–So. 9–19.30 Uhr •

2 Zu den 4 Linden Typische Braunschweiger Eckkneipe mit Kult-Faktor. „Die Linde", die es schon seit über 100 Jahren gibt, hat schon viel Prominenz gesehen. Davon zeugen die zahlreichen Fotos, die die Kneipe schmücken. Das Publikum ist bunt gemischt. Ob Schüler, Künstler des Staatstheaters, Fußballer, Banker oder Rentner – viele Braunschweiger lieben die „Linde". Auch die Küche ist sehr zu empfehlen. Im Programm: frischer Braunschweiger Stangenspargel (saisonabhängig), hausgemachtes Braunschweiger Sauerfleisch, Wild aus den heimischen Wäldern und dazu Wolters Bier vom Fass. Wer hier abends speisen möchte, sollte unbedingt einen Tisch reservieren! Wiesenstraße 5 • Tel.: 0531 337271 • www.vierlinden.de • So.–Mi. 16–24 Uhr, Do.–Sa. 16–2 Uhr

◀ Früher Messeplatz, heute Zuhause vieler Cafés: der Kohlmarkt

INTERNATIONAL

3 Apo Dieses kleine Restaurant serviert leckere anatolische Speisen zu fairen Preisen. Der limitierte Freisitz wird durch umso schöner gestaltete Innenräume mehr als ausgeglichen. Celler Straße 8 • Tel.: 0531 503846 • www.restaurant-apo.de • Di.–Sa. 17–23 Uhr, So. 12–22 Uhr •

4 Maredo Steakhauskette mit spezieller Kinderkarte. Lange Straße 1 • Tel.: 0531 15959 • www.maredo.de • So.–Do. 11.30–22.30 Uhr, Fr./Sa. 11.30–23.30 Uhr •

5 Ocakbasi 64 Hier können Sie türkische Spezialitäten mit Blick auf die Oker genießen. Gieselerwall 2 • Tel.: 0531 294203 • www.ocakbasi64.de • Mo.–Fr. 12–15/18–23 Uhr, Sa./So. 17–23 Uhr, Sonntagsbrunch 10.30–15 Uhr •

6 Gastwerk Eine kulinarische Weltreise von Italien bis Brasilien. Zum

Festpreis können Sie 10 verschiedene Fleischsorten genießen, die am Grill zubereitet und frisch bei Ihnen am Tisch geschnitten werden. Beilagen und Salatbuffet sind inklusive. Das Restaurant ist etwas außerhalb gelegen, aber der Weg lohnt sich. Mittelweg 7 • Tel.: 0531 2371200 • www.gastwerk.de • Mo.–Fr. 11–24 Uhr, Sa. 17.30–24 Uhr, So. 17.30–22.30 Uhr •

7 Vapiano Restaurant-Kette mit italienischen Speisen (Selbstbedienung). Ritterbrunnen 4 • Tel.: 0531 3902826 • www.vapiano.de • Mo.–Sa. 10–1, So. 10–24 Uhr •

DAS BESONDERE

8 Al Duomo Italienisches Restaurant am Burgplatz. Exzellentes Essen bei hervorragendem Service und mit wunderschönem Blick auf den Dom. Ruhfäutchenplatz 1 • Tel.: 0531 1200490 • www.alduomo.de • Mo.–So. 11.45–22.30 Uhr

9 Anders Gemütliches Lokal im Magniviertel mit deutschen Speisen. Wem der Hauptgang nicht reicht, der tröstet sich mit einem leckeren Nachtisch. Bei schönem Wetter kann man sehr gemütlich draußen sitzen. Häufig trifft man hier auf internationale Gäste, die Currywurst mit Pommes oder eines der deutschen Pfannengerichte probieren. Am Magnitor 7 • Tel.: 0531 43366 • www.das-anders.de • Mo./Fr. 17–22.20 Uhr, Di.–Do./Sa./So. 12–14.20/17–22.20 Uhr •

10 das Alte Haus Restaurant mit rustikalem Ambiente, in dem Gastfreundschaft groß geschrieben wird. Gehobene deutsche und internationale Küche; sehr guter Service. Alte Knochenhauerstraße 11 • Tel.: 0531 6180100 • www.altehaus.de • Di.–Sa. 18–24 Uhr, Küche 18–22 Uhr

11 Genuss Tresor am Bankplatz Stilvoll eingerichtetes Bar-Restaurant in einer ehemaligen Bank, woran noch die alten Tresore erinnern. Dank der geschmackvollen Einrichtung wird selbst der Gang zu den Waschräumen zum Erlebnis. Den Gast erwartet eine leckere deutsch-mediterrane Küche. Bankplatz 8 • Tel.: 0531 48274903 • www.genusstresor.de • Mo.–So. 12–24 Uhr

12 Steg-Haus Braunschweig Steakhaus? Nein, Steg-Haus. Restaurant und Café direkt an der Oker mit wunderschönem Bootssteg. Saisonale und monatlich wechselnde Küche, in der für Sie gerne aber auch ein saftiges Steak zubereitet wird. Leonhardstraße 2 • Tel.: 0531 88923747 • www.steghaus-braunschweig.de • Mi.–Fr. ab 17 Uhr, Sa./So. ab 15 Uhr Kaffee & Kuchen, ab 17 Uhr warme Küche.

13 Ristorante Lacupola Wer italienische Köstlichkeiten gern mit einem atemberaubenden Blick über Braunschweig verbinden möchte, ist hier goldrichtig. Der elegante Gewölbesaal thront auf dem Haus der Wissenschaft der TU mit einer Sonnenterrasse auf 30 Metern Höhe. Pockelsstraße 11 • Tel.: 0531 16608 • www.lacupola.de • Mo.–Sa. 11–14.30/18–22.30 Uhr •

14 Mutter Habenicht Ziemlich urig kommt dieses Restaurant mit Biergarten daher, ist bei den Braunschweigern aber (vielleicht gerade deshalb) besonders beliebt. Die Gaststätte hat Tradition: 1870 wurde sie eröff-

Die Lokalitäten rund ums Schloss sind sehr beliebt

net und versorgt die Gäste seither mit den besten Bratkartoffeln, serviert in verschiedenen Variationen. Seniorenteller zu günstigeren Preisen. Papenstieg 3 (Nähe Burgplatz) • Tel.: 0531 45956 • www.mutter-habenicht.de • Mo.–So. 11–nach Mitternacht, Küche 12–14.30/18–22 Uhr •

15 Ox U.S. Steakhouse Im alten „Haus zur Hanse" untergebracht, serviert dieses Restaurant die besten Steaks der Stadt. Sehr guter Service, gehobenes Ambiente. Güldenstraße 7 • Tel.: 0531 243900 • www.oxsteakhouse.com • Mo.–So. 12–14.30/18–22.30 Uhr

GUT UND GÜNSTIG

16 Guidos Pizzeria Eine der ältesten Pizzerien der Stadt. Eng, aber gemütlich – und vor allem lecker. Neue Straße 22 • Tel.: 0531 40501 • www.guidos-pizzeria.com • Mo.–Do. 11–22 Uhr, Fr./Sa. 11–23 Uhr •

17 Schnittchen Liebevoll eingerichtetes Eckcafé und rustikales Bistro in einem. Von frisch belegten Schnittchen mit handgemachtem Aufstrich bis hin zu feinen Suppen und Snacks ist für den kleinen Hunger (und auch für den kleinen Geldbeutel) etwas dabei. Sonnenstraße 14 • Tel.: 0179 1007265 • Mo.–Fr. 7.30–17 Uhr •

18 Yakamoz Köstlichkeiten der türkischen Küche vom Holzkohlegrill. Zum Drinnen- und Draußensitzen. Kattreppeln 10–11 • Tel.: 0531 28339367 • Mo.–So. 8–1 Uhr •

CAFÉS UND BISTROS

19 Café Haertle Hier gibt's noch das klassische Kännchen Kaffee, leckere Torten und Braunschweigs leckerstes

Bar mit Urlaubsfeeling: das „Soldekk"

Eis zum Mitnehmen. Theaterwall 1 • Tel.: 0531 40743 • www.cafe-haertle.com • Mo.–Fr. 8–18 Uhr, Sa. 9–18.30 Uhr, So. 10–18 Uhr •

20 Café Strupait Café im Magniviertel in historischem Ambiente (früher befand sich in den Räumlichkeiten eine Apotheke). Magnitorwall 8 • Tel.: 0531 23929494 • www.strupait.de • Di. 9–17.30 Uhr, Mi./Do. 9–22 Uhr, Fr. 9–23 Uhr, Sa. 10–23 Uhr, So. 10–18 Uhr

21 Riptide Alternatives Café, Bar und Plattenladen in einem. Hier gibt es leckeres vegetarisches und veganes Essen. Recht versteckt gelegen in einem kleinen Durchgang neben dem Möbelhaus Sander. Handelsweg 11 • Tel.: 0531 2254177 • www.cafe-riptide.de • Di./Mi. 16–23 Uhr, Do./Fr. 16–1 Uhr, Sa. 12–1 Uhr, So. 10–14 Uhr

22 Teestube Teetied Nach einem Spaziergang im Naturschutzgebiet Riddagshausen kann man sich hier bei einer Tasse Tee wärmen und den selbst gebackenen Kuchen genießen. Wer es lieber herzhaft mag, für den hält die Teestube aber auch Salate, Currywurst-Pommes und andere warme Gerichte bereit. Nehrkornweg 1 • Tel.: 0531 3102967 • www.teetied-bs.de • Mo.–So. 10–18, im Sommer 19 Uhr •

23 Tiziano Das Eiscafé in Braunschweig, in der Filiale im Schloss mit über 40 Eissorten. Darüber hinaus werden Frühstück und süße Kleinigkeiten serviert. Platz am Ritterbrunnen 1 (in den Schloss-Arkaden, 1. OG) • Tel.: 0531 49669 • Mo.–Sa. 9.30–20 Uhr •

24 X-Trend Eigentlich ein Café, aber auch die Küche kann sich sehen lassen (z. B. leckere Pizzen, indische Gerichte, Salate). Wechselnde Mittagskarte mit Angeboten. Frisch renoviert, mit Blick auf das Schloss. Bohlweg 69–70 • Tel.: 0531 1206357 • www.cafextrend.de • Mo.–Do. 8–23.30 Uhr, Fr./Sa. 8–2 Uhr, So. 9–23 Uhr •

BEACH CLUBS (IN DEN SOMMERMONATEN)

25 Okercabana Beach Club mit Volleyballfeld und Bootsverleih. Beliebt bei allen Altersklassen. Im Bürgerpark, ab Volkswagenhalle in den Park, immer geradeaus am Fluss entlang in Richtung Messegelände laufen. • www.okercabana.de • Tel.: 0163 2040070 • Apr.–Sept. Mo.–Fr. 11–24 Uhr, Sa./So. 10–24 Uhr •

26 Soldekk Dachterrasse Auf rund 1.700 m^2 Fläche wurde auf einem Parkhausdach ein Beach Club im skandinavischen Stil eröffnet. Hier hat man eine fantastische Aussicht über die Stadt. Mit kostenlosem WLAN-Zugang. Steinstraße 2 (Parkhaus Steinstraße/Parkdeck 5) • Tel.: 0176 35779065 • www.soldekk.de • Mai–Sept. Mo.–Fr. ab 15 Uhr, Sa./So. ab 12 Uhr •

KNEIPEN UND BARS

27 Bolero Bar mit mexikanischem Essen und sehr empfehlenswerten Cocktails. Lange Straße 60 • Tel.: 0531 6180168 • www.bolerobar.de • Mo.–Fr. 17–0 Uhr, Sa./So. 14–1 Uhr

28 Liebeskuh Wer Appetit auf saftige Steaks und Burger hat, der ist hier – direkt neben dem Kino C1 – gut aufgehoben. Lange Straße 61 • Tel.: 0531 48111560 • www.liebeskuh.de • Mo.–So. 12–23 Uhr •

29 Zea Bar Die kunstvoll beleuchtete Cocktailbar lädt zu einem erfrischenden Drink ein. Im ruhig gelegenen Garten werden italienische Bistrogerichte serviert. Der perfekte Ort, um sich vom Trubel der Innenstadt zu erholen. Keine 100 Meter vom C1 Cinema. Beckenwerkerstraße 2A • Tel.: 0531 20898900 • www.zea-bar.de • Di./Mi. 17–24 Uhr, Do. 17–1 Uhr, Fr./Sa. 17–2 Uhr. Piktogramme: Gehbehinderte, Senioren und Familien.

30 Siebenschläfer In diese Cocktailbar sollte man schon früh kommen, um noch einen Platz zu ergattern. Ab 20 Uhr wird es ohne Reservierung kritisch. Keine Tische im Freien. Scharrnstraße 22 • Tel.: 0531 70210120 • www.siebenschlaefer-bar.de • Mo.–Sa. ab 17.30 Uhr

31 Silberquelle Ehemals Restaurant, Kiosk und Trinkhalle, heute Kultkneipe. Kalenwall 4 • Tel.: 0531 4811640 • www.silberquelle.net • Do. 20–2 Uhr, Fr./Sa. 20–3 Uhr

32 The Wild Geese Dieser Irish Pub ist eine echte Institution in Braunschweig. Dienstags Quizabend, donnerstags Karaoke, am Wochenende mit Livemusik (dann kostet es ein paar Euro Eintritt). Gördelingerstraße 49 • Tel.: 0531 44934 • Mo.–Do. 17–1 Uhr, Fr./Sa. 17–2 Uhr, So. 16–24 Uhr

GIFHORN

33 Panorama Café im Gifhorner Wasserturm Kaffee und Kuchen, serviert im höchstgelegenen Café der Lüneburger Heide, in Bahnhofsnähe. Der 1910 erbaute Wasserturm erreicht eine Höhe von 90 Metern und kann über die 120 Stufen einer Wendeltreppe erklommen werden. Alternativ steht auch ein verglaster Lift bereit. Oben angekommen, wird man mit einem tollen Panoramablick belohnt, der bei gutem Wetter bis zum rund 80 Kilometer entfernten Gebirge Harz reicht. Braunschweiger Straße 37a •

Gemütlich draußen sitzen im Magniviertel

38518 Gifhorn • Tel.: 05371 936033 • www.wasserturm-gifhorn.de • Di.–So. 8.30–18 Uhr •

34 Schlossrestaurant Zentgraf Das Gifhorner Schlossambiente kulinarisch genießen: Das Restaurant verarbeitet ausgesuchte, regionale Produkte zu leckeren Gerichten, von gut-bürgerlich bis exquisit. Gehobene Preise. Schlossplatz 1 • 38518 Gifhorn • Tel.: 05371 866655 • www.schloss restaurant-zentgraf.de • Mi. 12–14.30/ 18–23 Uhr, Do.–So. 12–23 Uhr

GOSLAR

35 Worthmühle Harzer Spezialitätenrestaurant nur 100 Meter vom Marktplatz entfernt. Das Restaurant hat neben Harzer Bieren und Weinen viele deftige Gerichte im Angebot. Worthstraße 4 • 38640 Goslar • Tel.: 05 321 43402 • www.worthmuehle.de • Mo.–Fr. 17–22 Uhr, Sa. 17–23 Uhr, So. 12–14.30/17–22 Uhr

36 Weite Welt Direkt an der historischen Kaiserpfalz gelegen. Mit wöchentlich wechselnder Mittagskarte, Abendkarte und selbst gebackenem Kuchen. Hoher Weg 11 • 38640 Goslar • Tel.: 05321 383538 • www.weitewelt goslar.de • Di.–So. ab 11 Uhr

37 Steinberg Alm Zum Rösner Liebevoll eingerichtete Alm in 400 Metern Höhe am Rande von Goslar, am Harzer Steinberg, gelegen. Die Alm, deren Besuch sich wunderbar mit einer kleinen Wanderung durch den Harz verbinden lässt, bietet einen tollen Blick auf die Stadt. Nonnenberg 11 • 38644 Goslar • Tel.: 05321 6856524 • www.steinbergalm.de • Mo.–Sa. 11–18 Uhr, So. 8.30–18 Uhr •

KÖNIGSLUTTER

38 China Garden Bei Ortskundigen sehr beliebtes chinesisches Restaurant, etwa 500 Meter vom Bahnhof entfernt. Mi., Fr. und Sa ab 18 Uhr chinesisches Buffet. Lindenstraße 1 • 38154 Königslutter • Tel.: 05353 8015 • Di.–So. 11.30–15 Uhr, 17.30–23 Uhr

WERNIGERODE

39 Altwernigeröder Kartoffelhaus Harzer Nationalgerichte und mehr. Hier geht es bäuerlich-deftig zu. Marktstraße 14 • 38855 Wernigerode • Tel.: 03943 949290 • www.appart-hotel.de • Mo.–So. ab 11 Uhr

40 Café am Markt Direkt am historischen Marktplatz gelegen, bietet dieses Café einen wunderschönen Blick u. a. auf das Rathaus. Großes Angebot an Torten, Gebäck und Kuchen. Marktplatz 6–8 • 38855 Wernigerode • Tel.: 03943 261690 • www.cafe-wiecker.de • So.–Do. 8–19 Uhr, Fr./Sa. 8–20 Uhr

41 Ratskeller Der Name ist Programm: Der Ratskeller befindet sich unter dem Wernigeröder Rathaus, direkt am Marktplatz. Die Küche deckt sowohl regionale, gutbürgerliche als auch internationale Speisen ab. Marktplatz 1 • 38855 Wernigerode • Tel.: 03943 632704 • www.ratskeller-wernigerode.de • Mo.–So. 11–24 Uhr

WOLFENBÜTTEL

42 Da Giovanni Italienisches Restaurant in der Nähe der Fußgängerzone. Neben der klassischen Pizza gibt es auch leckere Fisch- und Fleischgerichte. Mo. bis Sa. bietet Da Giovanni ein reichhaltiges Mittagsbuffet für unter 10 Euro an. Harzstraße 20 • 38300 Wolfenbüttel • Tel.: 05331 903490 • www.da-gio.de • Mo.–So. 11.30–15/17.30–23.30 Uhr

43 Wan Bao Alt eingesessenes chinesisches Restaurant mit leckerem Mittagstisch, zentral gelegen. Kommißstraße 9 a • 38300 Wolfenbüttel • Tel.: 05331 27254 • Di.–So. 11.30–15 Uhr/17.30–23 Uhr

WOLFSBURG

44 Pizza AMano Im Familienrestaurant Pizza AMano wird die Pizza von Hand gemacht und im Steinofen gebacken. Kinder können ihre Pizza selbst belegen mit frischen Tomaten, Käse und anderen Zutaten. Auf der Karte stehen außerdem Salate, Eis- und Kaffeespezialitäten. In der warmen Jahreszeit ist die Außenterrasse geöffnet. Eingang über die Piazza der „Autostadt". Stadtbrücke • 38440 Wolfsburg • Tel.: 0800 6116600 • www.autostadt.de • Mo.–So. 9–22 Uhr

45 Beefclub Ebenfalls im Eingangsbereich der „Autostadt" (ohne Eintrittsticket erreichbar), Terrasse mit direktem Blick auf den Mittellandkanal. Das Restaurant wirbt mit hundertprozentigem Bio-Rindfleisch aus deutschen Betrieben. Außerdem auf der Karte: Geflügel, Fisch, Meeresfrüchte sowie vegetarische Gerichte. Stadtbrücke • 38440 Wolfsburg • Tel.: 0800 6116600 • www.autostadt.de • Mo.–So. 12–22 Uhr

ESPRIT

EINKAUFEN

Die weitverzweigte Fußgängerzone mit ihren modernen Geschäften und historischen Gebäuden lädt zum entspannten Bummeln ein. Hier ist auf attraktive Weise Tradition mit Moderne verbunden: Inhabergeführte Geschäfte, kleine Boutiquen und ansprechende Filialen bieten ein lückenloses Angebot. Wer es lieber individuell mag und gern in kleinen Läden stöbert, der ist im Magniviertel bestens aufgehoben. Auch das Shopping-Center „Schloss-Arkaden" zieht zahlreiche Besucher an, nicht nur aus der Region.

1 Afghan Warehouse Sobald man diesen Laden betritt, reist man in eine andere Welt. Umgeben von orientalischen Düften erwarten Sie typische Accessoires, Kleidungsstücke und Einrichtungsgegenstände. Beim Stöbern vergeht hier die Zeit wie im Fluge. Waisenhausdamm 4 • Tel.: 0531 49501 • Mo.–Sa. 10–18.30 Uhr

2 Apotheke am Hagenmarkt Hier wird der „Stadtrath" verkauft, ein Magenlikör, der nach dem Rezept eines alten Braunschweiger Apothekers gemixt wird. Hagenmarkt 19/20 • Tel.: 0531 4811900 • www.apotheca-bs.de • Mo.–Fr. 8–19 Uhr, Sa. 9–13.30 Uhr

3 Bärenland Hier kommen Liebhaber von Gummibärchen voll auf ihre Kosten. Der Shop verkauft diverse Geschmacksrichtungen und bietet darüber hinaus spezielle Sorten für Diabetiker und Vegetarier (ohne Gelatine) an. Neue Straße 24 • Tel.: 0531 2409 303 • www.baerenland.com • Mo.–Sa. 10.30–18.30 Uhr

◀ In der weitläufigen Braunschweiger Fußgängerzone macht Shopping Spaß

4 Borek am Dom Braunschweiger Raritäten und wertvolle Geschenke. Domplatz 4 • Tel.: 0531 2051341 • www.borek.de • Mo.–Fr. 10–18 Uhr, Sa. 10–14 Uhr

5 Cinque Damen- und Herrenbekleidung der gehobenen Preisklasse. Vor der Burg 17 • Tel.: 0531 12948636 • www.cinque.de • Mo.–Fr. 10–19 Uhr, Sa. 10–18 Uhr

6 frauensache_n Von Frauen – für Frauen. In dieser kleinen Boutique finden Sie u. a. Mode der Marken Opus und Belmondo. Tolle Beratung in netter Atmosphäre, da macht Shoppen Spaß! Vor der Burg 16 • Tel.: 0531 1219271 • www.frauensachen.biz • Mo. 10–13 Uhr, Mi.–Fr. 10–19 Uhr, Sa. 10–18 Uhr

7 Galerie Thomas Kaphammel Ausgebildete Mitarbeiter beraten Sie zur großen Auswahl an Gemälden, Grafiken, Kunstdrucken und Skulpturen. Ziegenmarkt 4 • Tel.: 0531 40947 • www.kaphammel.de • Mi.–Fr. 10–19 Uhr, Sa. 10–17 Uhr

8 Graff Braunschweigs größte Buchhandlung mit Souvenir-Abteilung. Sack 15 • Tel.: 0531 480890 • www.graff.de • Mo.–Sa. 9–20 Uhr •

9 Haus Dänemark Der liebevoll eingerichtete Laden führt z. B. Porzellan, Keramik, Schmuck, Mobiles und Kerzen. Darüber hinaus bietet der Inhaber Raritäten an, die er auf Versteigerungen in Kopenhagen erwirbt. Karrenführerstraße 4 • Tel.: 0531 41232 • www.haus-daenemark.de • Mo.–Fr. 10–18.30 Uhr, Sa. 10–16 Uhr

10 JAKO-O Insbesondere Muttis und Omas sind entzückt vom Riesenangebot an Kindersachen. Von Kindermode bis Kinderzimmer ist alles dabei. Im ersten Stock befindet sich ein kleines Café. Kattreppeln 19 • Tel.: 01802 313127 • www.jako-o.de • Mo.–Sa. 10–19 Uhr •

11 Jens Koch Größtes Lederwarengeschäft der Stadt. Kohlmarkt 17 • Tel.: 0531 45101 • www.jenskoch.assima.de • Mo.–Fr. 10–19 Uhr, Sa. 10–18 Uhr •

12 Krambambuli Hier gibt es – wie das Geschäft sich selbst beschreibt – „Zeug zum Spielen". Neben Holzspielzeug, Handpuppen, Gesellschaftsspielen und diversen Kleinspielwaren führt der Laden auch Geschirr von Mila Design. Ölschlägern 39 • Tel.: 0531 4007 08 • www.krambambuli-spielzeug.de • Mo.–Fr. 10–18.30 Uhr, Sa. 10–16 Uhr

13 La Vigna Geschäft für italienische Weine und Lebensmittel, mit angeschlossenem Bistro. Ziegenmarkt 3 • Tel.: 0531 125213 • www.la-vigna.de • Mo. 10.30–22 Uhr, Di.–Fr. 10.30–23 Uhr, Sa. 10–23 Uhr

14 New Yorker Ein Highlight vor allem für Teens und Twens: In der Fußgängerzone gibt es einen Flagship-Store der Bekleidungskette „New Yorker". Das Unternehmen, das übrigens seinen Stammsitz in Braunschweig hat und mittlerweile in über 30 Ländern vertreten ist, setzt mit diesem Geschäft neue Maßstäbe: Auf fünf Etagen werden Klamotten, Accessoires und Schuhe in ultramodernem Ambiente angeboten. Schuhstraße 27 • Tel.: 0531 1205540 • www.newyorker.de • Mo.–Sa. 10–20 Uhr •

15 More Than Music Großer Musikfachhandel u. a. mit Gitarren, Drums, Blasinstrumenten, Noten und Tontechnik. Wilhelmstraße 89 • Tel.: 0531 2403890 • www.morethanmusic-bs.de • Mo. 10–13 Uhr, Mi.–Fr. 10–19 Uhr, Sa. 10–16 Uhr

16 Musikalien Bartels Noten, Musikbücher, Instrumente, Zubehör und Geschenkartikel rund um das Thema Musik. Schlosspassage 1 • Tel.: 0531 49491 • www.musikalien-bartels.de • Mo.–Fr. 9.30–18.30 Uhr, Sa. 10–16 Uhr

17 My little secrets Die Boutique für Sinnliches. Kuhstraße 34 • Tel.: 0531 1292590 • Do./Fr. 12–18 Uhr, Sa. 12–16 Uhr

18 Oxfam In den Filialen der Hilfs- und Entwicklungsorganisation „Oxfam" wird ausschließlich Secondhand-Ware verkauft, die gespendet wurde. Beispielsweise erhalten Sie hier Bücher zu günstigen Preisen, aber auch Kleidung, Dekoware oder Spielwaren – einfach all das, was andere umsonst abgegeben haben. Die Verkaufserlöse kommen dem Verein zugute, der soziale Projekte in der ganzen Welt organisiert und unterstützt. Neue Straße 21 • Tel.: 0531 1206376 • www.oxfam.de • Mo.–Fr. 10–19 Uhr, Sa. 10–15 Uhr

19 Peek & Cloppenburg Auf 7.000 m² finden Sie hier Mode für Damen, Herren und Kinder – hauptsächlich der oberen Preisklasse. Schuhstraße 13–14 • Tel.: 0531 24150 • www.peek-und-cloppenburg.de • Mo.–Sa. 10–20 Uhr •

20 raum 23 Ein Paradies für alle, die individuelle Kopfbedeckungen mögen. Die Inhaberin fertigt die Mützen und Hüte allesamt selbst, auf Wunsch auch nach Ihren eigenen Vorstellungen. Ob Filzhut, Wintermütze oder eleganter Kopfschmuck für festliche Anlässe, ob auffällig oder dezent – im Laden warten diverse Modelle darauf, ausprobiert zu werden. Ritterstraße 23 • Tel.: 0531 44466 • www.aufdenkopf.de • Di.–Fr. 12–18 Uhr, Sa. 11–16 Uhr

21 Sander Einrichtungen Hier gibt es alles für anspruchsvolles Wohnen: Tische, Stühle, Sofas, Sessel, Regale, Schränke, Stoffe, Leuchten, Accessoires und vieles mehr! Gördelingerstraße 6–7 • Tel.: 0531 243890 • www.sander-einrichtungen.de • Mi.–Fr. 10–19 Uhr, Sa. 10–16 Uhr •

22 Schloss-Arkaden 150 Geschäfte haben im wiederaufgebauten Braunschweiger Schloss Platz gefunden. Auf der 30.000 m² großen Verkaufsfläche bieten Läden bekannter Ketten hauptsächlich Mode, Bücher, Dekoration und natürlich auch Technik an. Platz am Ritterbrunnen 1 • Tel.: 0531 2194060 • www.schlossarkaden.de • Mo.–Sa. 9.30–20 Uhr •

23 SFU – Sachen für Unterwegs Der Name ist Programm: Hier bekommen Sie das komplette Equipment für Outdoor-Aktivitäten, von Bekleidung über Rucksäcke bis hin zu Outdoor-Küchenutensilien, Zelten und Schlafsäcken. Neue Straße 20 • Tel.: 0531 13666 • www.sfu.de • Mo.–Fr. 10–19 Uhr, Sa. 10–18 Uhr

24 TK Maxx „Große Marken immer bis zu 60 % günstiger" – mit diesem Slogan wirbt die Kette „TK Maxx". Sie führt Mode und Schuhe für Damen, Herren und Kinder sowie Wohn-Accessoires und Spielwaren. Die Kleidungsstücke hängen ziemlich dicht gedrängt, darum sollte man Lust zum Suchen mitbringen. Dafür wird die Ausdauer mit fabelhaften Schnäppchen belohnt. Hutfiltern 9 • Tel.: 0531 6018950 • www.tkmaxx.de • Mo.–Sa. 10–20 Uhr

25 Wein Kusch Mit professioneller Beratung finden Sie auch Ihren Liebling unter den 800 Sorten. Casparistraße 10 • Tel.: 0531 70121591 • www.weinkusch.de • Mo.–Fr. 9.30–18.30 Uhr, Sa. 9.30–18 Uhr

26 Wunderbar Unverpackt Seit 2016 findet man in Braunschweig den ersten liebevoll eingerichteten Supermarkt, der ganz ohne Verpackungsmüll auskommt. In der gemütlichen Café-Lounge nebenan lässt sich die Zeit für die Dauer eines Heißgetränks vergessen. Fallersleber Straße 36 • Tel.: 0531 48112188 • www.wunderbar-unverpackt.de • Mo.–Fr. 10–18.30 Uhr, Sa. 10–16.30 Uhr •

LANDESMUSEUM

ÜBERNACHTUNG

In Braunschweig finden Sie Hotels für alle Ansprüche – von einfach und preiswert bis hin zu exquisit und elegant. Doch Achtung: Vor allem, wenn in Hannover Messen stattfinden, sind die Braunschweiger Hotels oftmals ausgebucht. Darum lohnt es sich auf jeden Fall, wenn Sie sich schon frühzeitig ein Zimmer reservieren.

GEHOBEN BIS LUXURIÖS

1 Best Western Hotel StadtPalais Das moderne Hotel befindet sich mitten in der City in multikulturellem Ambiente. Hinter Liebfrauen 1 a • Tel.: 0531 241024 • www.palais-braunschweig.bestwestern.de •

2 Steigenberger Parkhotel Idyllisch im Braunschweiger Bürgerpark gelegen, nur wenige Gehminuten von der Fußgängerzone. 4-Sterne-Superior Hotel mit 163 Zimmern und 17 Suiten sowie Restaurant, Bar, Vinothek und Erholungsangebot. Nimes-Straße 2 • Tel.: 0531 482220 • www.braunschweig.steigenberger.com •

3 pentahotel Zentral gelegenes Hotel mit 139 Zimmern, Sauna- und Fitnessbereich und kostenlosem Pay-TV (Spielfilm, Sport) in jedem Zimmer. Auguststraße 6–8 • Tel.: 0531 4814708 • www.pentahotels.com •

◀ Nächtigen in unmittelbarer Nähe des Burgplatzes kann man im Hotel „Deutsches Haus"

4 Magni Boutique Hotel Fachwerkhaus im schönen Magniviertel mit individuellen, liebevoll eingerichteten Zimmern. Am Magnitor 1 • Tel.: 0531 47130 • www.magniboutiquehotel.de

5 FourSide In diesem Designhotel direkt an der Fußgängerzone erwarten Sie helle und klimatisierte Zimmer und Suiten. Mit Sauna und Fitnessgeräten. Jöddenstraße 3 • Tel.: 0531 707200 • www.fourside-hotels.com •

KOMFORTABLE MITTELKLASSE

6 Deutsches Haus Einst als Gästehaus für die Braunschweiger Herzöge erbaut, erlebt man hier Geschichte hautnah: Im Treppenaufgang eine Ritterrüstung, dicke Teppiche, historisches Feeling. Ruhfäutchenplatz 1 • Tel.: 0531 12000 • www.deutscheshaus24.de

7 Frühlings-Hotel Hinter attraktiver Fassade verbirgt sich ein schönes Mittelklasse-Hotel. Es ist nur wenige

Gehminuten von den wichtigsten Sehenswürdigkeiten entfernt. Bankplatz 7 • Tel.: 0531 243210 • www.fruehlingshotel.de

8 Mercure Hotel Atrium Braunschweig Direkt am Hauptbahnhof gelegen, bietet sich dieses Hotel für Bahnreisende an. Besonders toll ist der kostenlose Frühstücks-Roomservice. Berliner Platz 3 • Tel.: 0531 70080 • www.mercure.com •

9 Centro Hotel Ritter St. Georg Hotel in Braunschweigs ältestem Fachwerkhaus! Schlafen in historischem Ambiente bedeutet aber auch: eher rustikal, geringe Deckenhöhen und kleine Bäder. Perfekt für Liebhaber von altertümlichem Flair. Alte Knochenhauerstraße 12 • Tel.: 0531 390450 • www.centro-hotels.de •

10 CVJM Hotel am Wollmarkt Das Hotel ist ruhig gelegen und trotzdem zentral. Träger des Hotels ist der Christliche Verein Junger Menschen. Alleinreisende sollten sich darauf einstellen, dass Kinderlärm möglich ist. Am Wollmarkt 9–12 • Tel.: 0531 244 400 • www.hotelamwollmarkt.de •

11 IntercityHotel Einen Katzensprung vom Hauptbahnhof entfernt bietet dieses Hotel, neben der hervorragenden Verkehrsanbindung, gemütliche Zimmer zu Preisen im mittleren Bereich. Willy-Brandt-Platz 3 • Tel.: 0531 129040 • www.intercityhotel.com •

PREISWERT

12 Best Western Hotel Braunschweig Das Haus befindet sich im Braunschweiger Stadtteil Heidberg, ca. 5 Autominuten vom Zentrum entfernt. In der Nähe ist der Heidbergsee, der nach der Stadtbesichtigung zur Entspannung einlädt. Dresdenstraße 10 • Tel.: 0531 264210 • www.hotel-braunschweig.bestwestern.de •

13 ibis budget Dieses Hotel liegt weit außerhalb des Stadtzentrums (ca. 15 Min. mit dem Auto bis in die Innenstadt). Dafür sind die Zimmer besonders preisgünstig. Saarbrückener Straße 40 • Tel.: 0531 509080 • www.etaphotel.com •

14 B&B Hotel Braunschweig-City Die zentral gelegene und preisgünstige Unterkunft ist ideal für Städte- oder Geschäftsreisen, Spontanaufenthalte oder Familientrips. Frankfurter Straße 289 • www.hotelbb.de • Tel.: 0531 88617890 •

15 DJH Jugendherberge Braunschweig Modern ausgestattet und dank zentraler Lage für Groß und Klein der ideale Ausgangspunkt für Entdeckungstouren. Wendenstraße 30 • Tel.: 0531 8668850 • www.jugendherberge.de •

DAS BESONDERE

16 Eintracht-Zimmer im Deutschen Haus Fans der Braunschweiger Fußballer werden das Zimmer 67 im „Deutschen Haus" lieben: Hier hat man mit viel Hingabe das „Eintracht-Zimmer" eingerichtet. Ob gelb-blaue Bettwäsche, ein leuchtender roter Löwe über dem Bett oder das Badezimmer in gelb-blauem Licht – da schlägt das Fan-Herz höher. Ruhfäutchenplatz 1 • Tel.: 0531 12000 • www.deutscheshaus24.de

17 Hotel Waldhaus Ölper Wer nachts der Stadt entfliehen möchte, der ist hier genau richtig. Wie der Name schon sagt, ist dieses Hotel absolut ruhig gelegen, am Stadtrand und von viel Grün umgeben. Am Ölper Holze 1 • Tel.: 0531 256250 • www.waldhaus-oelper.de •

GIFHORN

18 City Hotel Direkt im Herzen von Gifhorn. Die Innenräume des Mittelklassehotels sind gut gelungen und einladend. Braunschweiger Straße 20 • 38518 Gifhorn • Tel.: 05371 938110 • www.cityhotel-gifhorn.de

GOSLAR

19 Hotel Alte Münze Ruhig und dabei sehr zentral gelegen verbindet dieses Hotel alte Elemente wie Fachwerkbalken und Dielen mit moderner Ausstattung. Münzstraße 10–11 • 38640 Goslar • Tel.: 05321 22546 • www.hotel-muenze.de

20 Hotel Der Achtermann 4-Sterne-Hotel in unmittelbarer Nähe zur Fußgängerzone. Rosentorstraße 20 • 38640 Goslar • Tel.: 05321 70000 • www.der-achtermann.de

21 Hotel Kaiserworth Schönes, im Herzen der Altstadt gelegenes 4-Sterne-Hotel. Markt 3 • 38640 Goslar • Tel.: 05321 7090 • www.kaiserworth.de

WERNIGERODE

22 Harzer Kultur- und Kongresshotel (HKK-Hotel) Wernigerode 1995 erbaut, nur etwa 100 Meter von der Altstadt entfernt liegt das 4-Sterne-Hotel HKK. Kinder bis 12 Jahren schlafen kostenfrei im Zimmer der Eltern. Pfarrstraße 41 • 38855 Wernigerode • Tel.: 03943 9410 • www.hkk-wr.de

23 Travel Charme Gothisches Haus Zentral am Marktplatz gelegen bietet dieses 4-Sterne-Superior-Hotel 110 schöne, klimatisierte Zimmer und 10 Juniorsuiten, einen angeschlossenen Spa-Bereich und ein Gourmet-Restaurant. Marktplatz 2 • 38855 Wernigerode • Tel.: 03943 6750 • www.travelcharme.com/gothisches-haus

24 Ringhotel Weißer Hirsch Familiengeführtes 4-Sterne-Hotel, ebenfalls direkt am Marktplatz gelegen. 49 komfortable Zimmer und 2 Suiten. Marktplatz 5 • 38855 Wernigerode • Tel.: 03943 267110 • www.hotel-weisser-hirsch.de

WOLFENBÜTTEL

25 Parkhotel Altes Kaffeehaus Mittelklasse-Hotel in unmittelbarer Parknähe. Der Fußweg zu den wichtigsten Sehenswürdigkeiten in Wolfenbüttel beträgt ca. 10 Minuten. Harztorwall 18 • 38300 Wolfenbüttel • Tel.: 05331 8880 • www.parkhotel-wolfenbuettel.de

WOLFSBURG

26 Einschlaf Kleines Hotel in City- und Bahnhofsnähe. Liebevoll geführt, stylish eingerichtet. An der St.-Annen-Kirche 22 • 38440 Wolfsburg • Tel.: 05361 709744 • www.einschlaf.de

27 The Ritz-Carlton 5-Sterne-Luxushotel inmitten der „Autostadt". Parkstraße 1 • 38440 Wolfsburg • Tel.: 05361 607000 • www.ritzcarlton.com

KULTUR UND FREIZEIT

MUSEEN UND SAMMLUNGEN

1 Braunschweigisches Landesmuseum Hier erleben Sie die Geschichte des Herzogtums Braunschweig, von der Frühgeschichte über die Zeit Heinrichs des Löwen und die Industrialisierung bis hin zur Gegenwart. Das Eintrittsticket berechtigt auch zum Besuch des Jüdischen Museums und des Archäologischen Museums in Wolfenbüttel. Burgplatz 1 • Tel.: 0531 12150 • www.3landesmuseen.de • Di.–So. 10–17 Uhr, jeden ersten Di. im Monat 10–20 Uhr • ♿

2 Burg Dankwarderode Die Burg zeigt die Sammlung mittelalterlicher Kunst des Herzog Anton Ulrich-Museums. Besonders beeindruckend ist der restaurierte Rittersaal mit seinen Säulen, Kronleuchtern und Wandmalereien. Burgplatz 4 • Tel.: 0531 12152618 • www.3landesmuseen.de • Di.–So. 10–17 Uhr

3 Herzog Anton Ulrich-Museum Das Museum wurde 2016, nach siebenjähriger Sanierung und Modernisierung, neu eröffnet. Gemälde von Cranach, Rubens, Rembrandt und Vermeer, die größte Sammlung italienischer Majolika nördlich der Alpen, eine Kollektion ostasiatischer Kunstwerke und die über 100.000 Druckgrafiken und 10.000 Zeichnungen im Kupferstichkabinett machen das Haus zu einer festen Größe in der internationalen Museumslandschaft. Museumstraße 1 • Tel.: 0531 12250 • www.3landesmuseen.de • Di.–So. 11–18 Uhr

4 Kloster St. Aegidien & Jüdisches Museum Museum im Aegidienviertel, das über das Judentum informiert. Besonderes Highlight ist die gut erhaltene Inneneinrichtung einer Synagoge aus dem Braunschweiger Umland, die im Museum aufgestellt wurde. Das Eintrittsticket berechtigt auch zum Besuch des Landesmuseums am Burgplatz und des Archäologischen Museums in Wolfenbüttel. Hinter Ägidien • Tel.: 0531 1238465 • www.3landesmuseen.de • Fr.–So. 10–17 Uhr

5 Krypta im Dom St. Blasii Die Grablege u.a. Heinrichs des Löwen und seiner Frau Mathilde. Burgplatz 5 • www.braunschweiger-dom.de • Jan.–März Mo.–So. 10–13/15–17 Uhr, Apr.–Dez. Mo.–So. 10–17 Uhr • Kein Zutritt während laufender Veranstaltungen und Gottesdiensten

6 Schlossmuseum Das erst im Jahr 2011 eröffnete Schlossmuseum entführt Sie ins 19. Jh. In sieben originalgetreu rekonstruierten Räumen

◀ Mittelalterlicher Markt in Braunschweig

Der „Braunschweiger" Dino Spinophorosaurus nigerensis im Naturhistorischen Museum

sehen Sie, wie die Herzöge in ihrem Residenzschloss gelebt haben. Absoluter Höhepunkt des Museums ist der Originalthron des Braunschweiger Herzogs Wilhelm. Hintergrundinformationen zu den Welfen und zum Bau des Schlosses runden das Informationsangebot ab. Schlossplatz 1 • Tel.: 0531 4704876 • www.schlossmuseum-braunschweig.de • Di./Do.–So. 10–17 Uhr, Mi. 13–20 Uhr •

7 Städtisches Museum, Haus am Löwenwall Das nach längerer Umbauphase im Juni 2012 wiedereröffnete Städtische Museum am Löwenwall beherbergt neben einer Malerei- und Grafiksammlung des 19. Jh.s eine Sammlung von Musikinstrumenten, Waffen, Münzen und Medaillen. Steintorwall 14 • Tel.: 05 31 4704505 • www.braunschweig.de/museum • Di.–So. 10–17 Uhr

8 Städtisches Museum im Altstadtrathaus In einer Dauerausstellung wird die Stadtgeschichte präsentiert, von den Anfängen im 9. Jh., in dem die Stadt laut einer Legende gegründet wurde, bis heute. Altstadtmarkt 7 • Tel.: 0531 4704551 • www.braunschweig.de/museum • Di.–So. 10–17 Uhr

9 Staatliches Naturhistorisches Museum Eines der ältesten Naturkundemuseen der Welt, das viel Wert auf anschauliche Darstellung für Kinder legt. Mit Insektensaal, Aquarium und wechselnden Sonderausstellungen. Pockelsstraße 10 • Tel.: 0531 12253000 • www.3landesmuseen.de • Di./Do.–So. 9–17 Uhr, Mi. 9–19 Uhr •

10 Raabe-Haus Museum über das Leben des Schriftstellers Wilhelm Raabe, der einige Jahre in Braunschweig zu Hause war. Die Ausstellung zeigt u.a. sein erhaltenes Arbeitszimmer sowie Originalmanuskripte, Briefe und Zeichnungen. Leonhardstraße 29a • Tel.: 0531 70189317 • www.literaturzentrum-braunschweig.de • Di. 11–14 Uhr, Mi. 9–12 Uhr, Do. 13–16 Uhr, So. 15–17 Uhr

11 Zisterziensermuseum Das Museum, das sich im Torhaus des ehemaligen Klosters in Riddagshausen befindet, informiert über die Geschichte des Zisterzienserordens. Klostergang 64 • www.riddagshausen.net • Tel.: 0151 10592564 • Sa./So. 12–17 Uhr

KONZERT, THEATER, KLEINKUNST

12 B58 Jugendzentrum mit Konzerten und Veranstaltungen. Bültenweg 58 • Tel.: 0531 335399 • www.jugendzentrumb58.de • Tickets an der Abendkasse

13 **Brunsviga** Kultur- und Kommunikationszentrum am Rande der Innenstadt. Plattform für Tanz, Musical, Kabarett, Kleinkunst, Vorträge u. v. m. Tickets können online gebucht werden. Karlstraße 35 • Tel.: 0531 238040 • www.brunsviga-kulturzentrum.de • Mo.–Fr. 10–22.30 Uhr, Sa. ab 16 Uhr, So. ab 12 Uhr

14 **Graff** Die Braunschweiger Buchhandlung organisiert Lesungen bekannter Schriftsteller und literarische Veranstaltungen. Karten im Vorverkauf an der Hauptkasse erhältlich (Mo.–Sa. 9–20 Uhr), Reservierungen per E-Mail oder telefonisch möglich. Sack 15 • Tel.: 0531 480890 • www.graff.de

15 **Kaufbar** Die vom DRK geführte Kaufbar ist – neben Café, Secondhandladen und Projektzentrum – ein beliebter Veranstaltungsort für Lesungen und Konzerte. Hier treten eher unbekannte Künstler auf, was jedoch oftmals kein Indikator für die Qualität der Künstler ist. Der Eintritt ist frei. Aktuelles Programm auf der Webseite. Helmstedter Straße 135 • Tel.: 0531 58046710 • www.drk-kaufbar.de • Mo.–Fr. 11–20 Uhr, open end bei Veranstaltungen

16 **Komödie am Altstadtmarkt** Niedersachsens größtes privates Boulevard- und Unterhaltungstheater hat die Räumlichkeiten eines alten Kinos bezogen. Da das Haus über kein festes Ensemble verfügt, sind immer wieder prominente Darsteller zu Gast. Gezeigt werden Komödien, Krimiklassiker und Schlager-Musicals. Mit Online-Kartenverkauf. Gördelingerstraße 7 • Tel.: 0531 1218680 • www.komoedie-am-altstadtmarkt.de • Kassenöffnungszeiten: Mo. 10–16 Uhr, Di.–Fr. 10–19.30 Uhr, Sa. 10–13.30 Uhr/14.30–19.30 Uhr, So. 15–16.30 Uhr •

17 **LOT-Theater** Spielstätte für freies Theater und Veranstaltungsort für die regionale Kulturszene: von Theater über Tanz, Musik und Performance bis hin zur Literatur. Kartenverkauf und -reservierung online möglich. Kaffeetwete 4a • Tel.: 0531 17303 • www.lot-theater.de • Kassenöffnungszeiten Mo.–Fr. 10–17 Uhr

18 **Nexus** Linkes Kulturzentrum mit regelmäßigen Kultur- und Informationsveranstaltungen inkl. Konzerten. Frankfurter Straße 253 • Tel.: 0531 2809066 • www.dasnexus.de • Kein Vorverkauf! Reservierungswünsche per E-Mail an: reservierungen@dasnexus.de

19 **Staatstheater** Das Vierspartenhaus zeigt an verschiedenen Spielstätten rund 750 Aufführungen pro Jahr. Der abwechslungsreiche Spielplan bietet etwas für jeden Geschmack: von traditioneller Oper über Kindertheater bis hin zu ultramodernen Interpretationen. Die Theaterkasse befindet sich im Großen Haus. Es besteht auch die Möglichkeit, Karten vorab online zu kaufen. Theaterkasse Großes Haus • Am Theater/Ecke Steinweg • Tel.: 0531 1234567 • www.staatstheater-braunschweig.de • Kassenöffnungszeiten Di.–Fr. 10–19.30 Uhr, Sa. 10–14 Uhr • Telefonischer Vorverkauf: Mo.–Fr. 8–18 Uhr, Sa. 8–13 Uhr •

20 **Stadthalle** In der Stadthalle gastieren verschiedene Künstler mit ihren Programmen. Darüber hinaus finden hier regelmäßig Tagungen und Kon-

gresse statt. Leonhardplatz • www.stadthalle-braunschweig.de • Tickets: Konzertkasse im Einkaufszentrum Schloss-Arkaden • Platz am Ritterbrunnen 1 • Mo.–Sa. 9.30–20 Uhr •

21 Theater Fadenschein Das Figurentheater hat Produktionen sowohl für Kinder als auch speziell für Erwachsene im Repertoire. Bültenweg 95 • Tel.: 0531 340845 • www.fadenschein.de • Karten sind in der Touristinfo erhältlich •

22 Volkswagen Halle Ob Basketball-Matches der erstklassigen Basketball Löwen Braunschweig, Konzerte oder Tanzturniere – in der „Volkswagen Halle" finden diverse Veranstaltungen statt. Die Karten können im Vorverkauf online, in der Touristinfo oder an der Braunschweiger Konzertkasse erworben werden. Europaplatz 1 (Haltestelle Europaplatz) • www.volkswagenhalle-braunschweig.de • Tickets: Konzertkasse im Einkaufszentrum Schloss-Arkaden • Platz am Ritterbrunnen 1 • Mo.–Sa. 9.30–20 Uhr •

KINO

23 C1 Cinema Mit seinen acht Sälen ist das C1 Braunschweigs größtes Kino, das hauptsächlich Mainstream-Filme zeigt. Lange Straße 60 • Tel.: 01805 012660 • www.c1-cinema.de • Mo. 14–21 Uhr, Di.–Fr. 14–23.30 Uhr, Sa. 12–23.30 Uhr, So. 12–21 Uhr •

24 Universum Filmtheater Programmkino, das viele Filme weitab von den Hollywoodproduktionen im Programm hat. Neue Straße 8 • Tel.: 0531 70221550 • www.universum-filmtheater.de • Kinokasse: Mo.–So. 12–21.30 Uhr •

GALERIEN

25 art plakat Galerie mit ausgewählten internationalen Kunst- und Siebdrucken sowie Plakaten. Außerdem sind hier Wechselrahmen sowie maßgefertigte Rahmen erhältlich. Münzstraße 2 • Tel.: 0531 46832 • www.artplakat.de • Di.–Fr. 11–18 Uhr, Sa.10–15 Uhr

26 BBK und Torhaus-Galerie Regelmäßige Ausstellungen der im Berufsverband Bildender Künstlerinnen und Künstler Braunschweig e.V. organisierten Mitglieder. Humboldtstraße 34 • Tel.: 0531 346166 • www.bbk-bs.de • Mi.–Fr. 15–18 Uhr, Do. 15–20 Uhr, So. 11–17 Uhr

27 Galerie Jaeschke Auf über 500 m^2 präsentiert die Galerie Original-Leinwände, Grafiken und Skulpturen zeitgenössischer Künstler, darüber hinaus Kunstdrucke, Geschenkeditionen und Rahmen. Auch Braunschweig-Bilder sind hier erhältlich. Schuhstraße 42 • Tel.: 0531 243120 • www.galerie-jaeschke.de • Mo.–Fr. 10–19 Uhr, Sa. 10–17 Uhr

28 Rom-Art Galerie Braunschweig Galerie für zeitgenössische Kunst mit internationalen Ausstellungen. Celler Straße 106 b • Tel.: 0531 506712 • www.rom-art-galerie.de • Mi./Do. 16–18 Uhr, Sa. 10–12 Uhr

DISKOTHEKEN

29 42° Fieber Spielt hauptsächlich House und Mixed Music. Für alle, die sich abends gern rausputzen. Kalenwall 3 • www.42fieber-club.de • Fr./Sa. 23 Uhr–open end

30 Brain Klub Wenn andere Klubs schließen, geht's hier erst richtig los. Vor 2 Uhr nachts ist meist tote Hose, dafür wird's später umso wilder. Die Musik variiert: Mal Indie, mal Electro, dann wieder House oder auch Dancehall. Am besten online das Programm checken, bevor man loszieht. Bruchtorwall • Tel.: 0531 61494256 • www.brain-bs.de • Do. ab 24 Uhr, Fr./Sa. 23 Uhr–open end

31 Dax Bierbörse Auf dem Mainfloor herrscht Mallorca-Stimmung, im abgetrennten Nebenraum gibt es Charts, Black und House Music auf die Ohren. Küchenstraße 1 • Tel.: 0531 45073 • www.bierboersebs.de • Do.–Sa. 20 Uhr–open end

32 Silberquelle Der zehneckige Pavillon genießt Kultstatus und lädt auch zu später Feierstunde noch zu kühnem Tanz bei kühlem Getränk. Der traditionelle Braunschweiger lässt sich hier gern „den Abend versilbern". Kalenwall 4 • Tel.: 0531 4811640 • www.silberquelle.net • Do. 20–2 Uhr, Fr. 20–3 Uhr, Sa. 20–3 Uhr

Entspannung findet man bei Bedarf in Braunschweigs Schwimmbädern

33 Schwanensee Von Weltuntergang bis Trash Pop – klangvolle Veranstaltungen locken (vor allem junges) Publikum in den beliebten Klub. Gieseler 3 • www.bs-nights.de • Fr./Sa. 23 Uhr–open end

34 The Lindbergh Palace Gemischtes Publikum, abwechslungsreiche Musik. Kalenwall 3 • www.bs-nights.de • Do.–Sa. 21 Uhr–open end

SCHWIMMBÄDER

35 BürgerBadePark Hier können Sie im 32 Grad warmen Wasser entspannen. Mit Brodelbucht und Sauna. Nimesstraße 1 • Tel.: 0531 48150 • Mo.–Fr. 9–22 Uhr, Sa. 9–19 Uhr, So. 10–19 Uhr •

36 Freibad Raffteich In diesem beheizten Freibad gibt es getrennte Springer- und Schwimmerbecken, ein Beachvolleyball-Feld sowie ein Beachsoccer-Feld. Madamenweg 93 • Tel.: 0531 286130 • Mo.–Fr. 6–20 Uhr, Sa–So 7–20 Uhr •

37 Sportbad Heidberg Ideal für geübte Bahnenzieher, denn das Bad ist mit 50- und 25-Meter-Sportbecken ausgestattet. Außerdem gibt es ein Nichtschwimmerbecken, ein Planschbecken für Kleinkinder sowie eine Sprunganlage. Sachsendamm 10 • Tel.: 0531 264050 • Öffnungszeiten variieren aufgrund von Veranstaltungen. Bitte informieren Sie sich telefonisch •

38 Wasserwelt Braunschweigs neuste Badeattraktion bestehend aus Erlebnisbad und Sportbad mit Strömungskanal, Rutschen, Außen-, Plansch- und Sportschwimmbecken sowie Saunen und Wellnessangeboten. Am Schützenplatz 1 • Tel.: 0531 48210500 • www.wasserwelt-bs.de • Mo.–Do. 8–22 Uhr, Fr./Sa. 8–23 Uhr, So. 8–22 Uhr, Öffnungszeiten von Sauna- und Wellnesswelt weichen ab. Bitte informieren Sie sich telefonisch •

SONSTIGES

39 Botanischer Garten Ein Kleinod mitten in der Stadt. Humboldtstraße 1 • Garten Sommermonate: Mo.–So. 8–17.30 Uhr, Wintermonate: Mo.–Fr. 8–16 Uhr, Sa./So. 9–15.30 Uhr • Schaugewächshäuser Sommermonate: Di.–Do. 11–17 Uhr, Sa./So. 13–17 Uhr, Wintermonate: Di.–Do. 11–15.30 Uhr, Sa./So. 13–15.30 Uhr • Torhausgalerie: Mo.–Fr. 15–18 Uhr, Do. 15–20 Uhr, So. 11–17 Uhr •

40 Arche Noah Zoo Wilde Tiere, Streichelzoo und Spielplätze lassen das Kinderherz höher schlagen. Leipziger Straße 190 • Tel.: 0531 611269 • www.zoo-bs.de • 15. März–Okt. 9–18.30 Uhr, Nov.–14. März 10 Uhr bis zur Dämmerung •

ZIELE IN DER UMGEBUNG

41 Autostadt Große Erlebniswelt (28 ha) rund um das Thema Mobilität und den Volkswagen-Konzern. Stadtbrücke • 38440 Wolfsburg • Tel.: 0800 288678238 • www.autostadt.de • Mo.–So. 9–18 Uhr (Restaurants länger) •

42 Archäologisches Museum Ein Rundgang durch die Ur- und Frühgeschichte des Braunschweiger Landes. Kanzleistraße 1 • 38300 Wolfenbüttel • Tel.: 0531 12150 • www.3landesmuseen.de • Mi./Do./So. 10–17 Uhr, Di./Fr. 10–13 Uhr

TIPP Infos zu allen Braunschweiger Schwimmbädern finden Sie auf folgender Webseite: www.stadtbad-bs.de

43 Burg Warberg Die Burg, die bereits Anfang des 13. Jh.s zum ersten Mal urkundlich erwähnt wurde, gilt als wichtiges kulturelles Erbe. An der Burg 3 • 38378 Warberg • Tel.: 05355 9610 • www.burg-warberg.de • Besichtigung nur nach Voranmeldung

44 Eisenbahnmuseum Vienenburg Alles rund um die Bahn, z. B. alte Fahrkartendrucker und Uniformen. Bahnhofstraße 8 • 38690 Vienenburg • Tel.: 05324 1777 • www.vienenburg-tourismus.de • Do.–So. 15–17 Uhr

45 Herzog-August-Bibliothek Die Bibliothek beherbergt insgesamt rund 1 Mio. Medien, etwa 11.800 mittelalterliche Handschriften sowie 3.500 Inkunabeln (Wiegendrucke). Lessingplatz 1 • 38304 Wolfenbüttel • Tel.: 05331 8080 • www.hab.de • Di.–So. 10–17 Uhr

46 Historisches Museum Schloss Gifhorn Schlossplatz 1 • 38518 Gifhorn • Tel.: 05371 9459111 • www.museen-gifhorn.de • Di.–Fr. 14–17 Uhr, Sa./So. 11–17 Uhr •

47 Huldigungssaal im Goslarer Rathaus Markt 1 • 38640 Goslar • Tel.: 05321 78060 • Mo.–Fr. 11–15 Uhr, Sa./So. 10–16 Uhr

48 Internationales Wind- und Wassermühlen-Museum Bromer Straße

2 • 38518 Gifhorn • Tel.: 05371 55466 • www.muehlenmuseum.de • 15. März–31. Okt. Mo.–So. 10–18 Uhr •

49 Kaiserdom Königslutter Auch in Königslutter hinterließen die Welfen ihre Spuren. Vor dem Kaiserdom • 38154 Königslutter am Elm • Tel.: 05353 912202 • www.koenigslutter-kaiserdom.de • Apr.–Okt. 9–18 Uhr, Nov.–März 9–17 Uhr

50 Kaiserpfalz Goslar Kaiserbleek 6 • 38640 Goslar • Tel.: 05321 3119693 • Apr.–Okt. Mo.–So. 10–17 Uhr • Nov.–März. Mo.–So. 10–16 Uhr

51 Lessinghaus Hier lebte der berühmte Gotthold Ephraim Lessing, Bibliothekar an der Wolfenbütteler Herzog-August-Bibliothek. Lessingplatz 1 • 38304 Wolfenbüttel • Tel.: 05331 8080 • Di.–So. 10–17 Uhr

52 Museum im Schloss Wernigerode Am Schloss 1 • 38855 Wernigerode • Tel.: 03943 553030 • www.schloss-wernigerode.de • Mai–Okt. Mo.–So. 10–18 Uhr, Nov.–Apr. Di.–Fr. 10–17 Uhr, Sa./So. 10–18 Uhr

53 Museum im Schloss Wolfenbüttel Wie haben die Herzöge früher in Wolfenbüttel residiert? Das erfahren Sie im Wolfenbütteler Schlossmuseum. Kern des Museums sind die herzoglichen Prunkgemächer, dazu gibt es regelmäßige Wechselausstellungen. Schlossplatz 13 • 38304 Wolfenbüttel • Tel.: 05331 92460 • www.schloss wolfenbuettel.de • Di.–So. 10–17 Uhr

54 paläon Forschungs- und Erlebniszentrum mit dem Motto „Entdecke den Urmensch in Dir!". Der Besucher reist rund 300.000 Jahre zurück in die Altsteinzeit und trifft die ersten Bewohner Niedersachsens, denen die ältesten Jagdwaffen der Menschheit, die Schöninger Speere, gehörten. Paläon 1 • Tel.: 05352 969140 • www.paleon.de • Di.–Fr. 9–17 Uhr, Do. 9–20 Uhr, Sa./So. 10–18 Uhr •

55 phaeno An 350 Experimentierstationen kann der Besucher Wissenschaft erleben. Willy-Brandt-Platz 1 • 38440 Wolfsburg • Tel.: 05361 890100 • www.phaeno.de • Di.–Fr. 9–17 Uhr, Sa./So. 10–18 Uhr •

56 Planetarium Wolfsburg Mit Blick auf den projizierten Sternenhimmel reisen Sie durch den Kosmos. Uhlandweg 2 • 38440 Wolfsburg • Tel.: 053 61 8999320 • www.planetarium-wolfsburg.de • Telefonische Kartenreservierung: Mo.–Sa. 9–18 Uhr, So 10–15 Uhr •

57 Rammelsberg Bergtal 19 • 38640 Goslar • Tel.: 05321 750122 • www.rammelsberg.de • Mo.–So. 9–18 Uhr •

58 Till Eulenspiegel-Museum Erheiterndes und Lehrreiches rund um den Schelm Till Eulenspiegel. Nordstraße 4a • 38170 Schöppenstedt • Tel.: 05332 6158 • www.eulenspiegel-museum.de • Di.–Fr. 14–17 Uhr, Sa./So. 11–17 Uhr •

www.verkehrs-ag.de
0756

INFORMATIONS-ABC

ANREISE

Mit dem Auto Über die Autobahnen A 2, A 7/A 39 oder A 391.

Mit der Bahn Der Braunschweiger Hauptbahnhof bietet sehr gute Verbindungen in viele deutsche Städte. Ohne Umsteigen ist Braunschweig z. B. per ICE aus Berlin, Frankfurt, Hannover, Karlsruhe, München und Stuttgart erreichbar sowie per IC aus Bremen, Halle (Saale) und Leipzig.

Mit dem Flugzeug Zum Hannover Airport (Entfernung von Braunschweig circa 70 km), von dort mit dem Mietwagen oder per Bahn nach Braunschweig.

BOOTSVERLEIH

Okertour-Bootsverleih Verleiht Paddelboote, Kanus, Ruderboote und Tretboote. An der Okerbrücke Kurt-Schuhmacher-Straße (vom Hbf. kommend hinter der Adolfstraße, auf der linken Seite) • Tel.: 0531 2702724 • www.okertour.de • Apr.–Sept. tägl. ab 10 Uhr (wetterabhängig, bei sehr gutem Wetter auch bis Mitte Okt.) •

Bootsverleih Braunschweiger Floßfahrten Verleiht Kajaks, Canadier, Tretboote, auf Vorbestellung auch einen Katamaran. Anleger am Beach Club „Okercabana" (im Bürgerpark gelegen, ab „Volkswagen Halle" in den Park, immer geradeaus am Fluss entlang in Richtung Messegelände laufen) • Tel.: 0531 3176728 • www.braunschweiger-flossfahrten.de • Ende Apr.–Sept., Mo.–Fr. ab 11 Uhr, Sa./So. ab 10 Uhr •

◄ Mit dem ÖPNV bequem durch die Stadt und schnell ins Umland

FAHRRADVERLEIH

AWO Radstation am Hauptbahnhof Willy-Brandt-Platz 1 • Tel.: 0531 70760 25 • www.awo-bs.de • Mo.–Fr. 5.30–22.30 Uhr, Sa. 6–21 Uhr, So. 8–21 Uhr

Fahrrad Hahne Verleih von „Compactbikes" und E-Bikes. Meinhardshof 2 • Tel.: 0531 44339 • www.travelbike.de/mietstation/fahrrad-hahne-45 • Mo.–Fr. 9.30–19 Uhr, Sa. 9.30–18 Uhr

GOTTESDIENSTE

Evangelisch Dom St. Blasii • Domplatz 5 • Aktuelle Zeiten für Andachten, Mittagsgebete und Gottesdienste entnehmen Sie der Webseite www.braunschweigerdom.de oder erfragen Sie direkt im Pfarramt unter Tel.: 0531 243350 • Sprechzeiten Mo.–Fr. 9–15 Uhr

Katholisch St. Aegidien • Spohrplatz 9 • Sa. 18 Uhr, So. 9.30 Uhr

INFORMATION

Touristinfo Braunschweig Zentral am Rande der Fußgängerzone gelegen werden hier all Ihre Fragen rund um Braunschweig beantwortet. Mit kostenlosem WLAN (für 30 Minuten) und großem Angebot an Andenken und Braunschweiger Spezialitäten. Kleine Burg 14 • Tel.: 0531 4702040 • Mo.–Fr. 10–18.30 Uhr, Sa. 10–16 Uhr, Mai–Sept. auch So. 10–12 Uhr

TourismusRegion BraunschweigerLAND e.V. Hilft Ihnen speziell zum Thema „ZeitOrte" weiter. Frankfurter Straße 284 • Tel.: 0531 1218200 • www.zeitorte.de

Tourist-Information Gifhorn Marktplatz 1 • 38518 Gifhorn • Tel.: 05371 937 880 • www.gifhorn4u.de • Mo.–Fr. 9–18 Uhr, Sa. (nur Apr.–Sept.) 9.30–13 Uhr

Tourist-Information Goslar Markt 7 • 38640 Goslar • Tel.: 05321 78060 • Apr.–Okt. Mo–Fr. 9.15–18 Uhr, Sa. 9.30–16 Uhr, So. 9.30–14 Uhr • Nov.–März Mo.–Fr. 9.15–17 Uhr, Sa. 9.30–14 Uhr

Tourist-Information Königslutter Am Markt 2 • 38154 Königslutter am Elm • Tel.: 05353 912129 • Mo./Di. 9–16 Uhr, Mi. 9–15 Uhr, Do. 9–17 Uhr, Fr. 9–13 Uhr

Tourist-Information Wernigerode Marktplatz 10 • 38855 Wernigerode • Tel.: 03943 5537835 • www.wernigerode-tourismus.de • Mai–Okt. Mo.–Fr. 9–19 Uhr, Sa. 10–16 Uhr, So. 10–15 Uhr, Nov.–Apr. Mo.–Fr. 9–18 Uhr, Sa. 10–16 Uhr, So. 10–15 Uhr

Tourist-Information Wolfenbüttel Stadtmarkt 7 • 38300 Wolfenbüttel • Tel.: 05331 86280 • www.wolfenbuettel-tourismus.de • Mo.–Fr. 10–18 Uhr, Sa. 10–14 Uhr

Tourist-Information Wolfsburg Willy-Brandt-Platz 3 • 38440 Wolfsburg • Tel.: 05361 899930 • www.wolfsburg.de • Mo.–Sa. 9–18 Uhr, So. 10–15 Uhr

MOBILITÄT

Braunschweiger Verkehrs-AG Kundenzentrum • Bohlweg 26 • Tel.: 0531 3832050 • www.bsvag.de • Mo.–Fr. 9–18 Uhr, Sa. 9–14 Uhr • Infopavillon am Hauptbahnhof • Mo.–Fr. 6.30–18 Uhr, Sa. 10–14 Uhr

Parken in der Innenstadt Parkhaus Magni • Parkhaus Schloss • Parkhaus Wilhelmstraße • Parkhaus Lange Straße • Parkhaus Eiermarkt • Parkhaus Wallstraße • Parkhaus Packhof

Taxi Tel.: 0531 66666 6 • Tel. 0531 55050 (Minicar)

ZEITUNG/STADTPORTALE

Die **Braunschweiger Zeitung** informiert von Montag bis Samstag über das aktuelle Stadtgeschehen. www.braunschweiger-zeitung.de

Samstags und mittwochs erscheint die **neue Braunschweiger**, ein kostenloses Anzeigenblatt voller Veranstaltungstipps. www.neue-braunschweiger.de

Auf dem **Löwenstadtblog** finden Gäste wie Einheimische alles über Braunschweig: spannende Veranstaltungen, leckere Mittagsangebote und erstklassige Einkaufsmöglichkeiten. www.loewenstadt.braunschweig.de

REGISTER

ORTSREGISTER

PERSONENREGISTER

BILDLEGENDEN

ABBILDUNGSNACHWEIS

Autostadt GmbH/Lars Landmann S. 98
Autostadt GmbH/Marc-Oliver Schulz S. 18
Bansmann S. 5 (3. von oben), 68, Umschlag hinten (Mitte)
Marcus Baumgart – Fotolia.com S. 44, 4 (2. v. o.), Umschlag hinten (links)
Botanischer Garten der TU Braunschweig (Vorlage) S. 79
Braunschweigisches Landesmuseum/Kotyrba S. 5 (2. v. o.), 53
Braunschweig Stadtmarketing S. 28, 61, 63, 64, 87
Braunschweig Stadtmarketing GmbH/Thomas Ammerpohl S. 32, 36
Braunschweig Stadtmarketing GmbH/amtenbrink S. 56
Braunschweig Stadtmarketing GmbH/b² werbung & design S. 9
Braunschweig Stadtmarketing GmbH/Bormann S. 55
Braunschweig Stadtmarketing GmbH/Sascha Gramann S. 5 (4. v. o.), 6, 13, 27, 44, 49, 57, 81, 82, 115, 117, 118, 122
Braunschweig Stadtmarketing GmbH/Susanne Hübner S. 11
Braunschweig Stadtmarketing GmbH/okerland-archiv S. 5 (1. v. o.), 7, 16, 17, 39, 71, 92, 120, 135
Braunschweig Stadtmarketing GmbH/Steffen und Bach GmbH S. 1, 12, 14, 15, 40, 126, 130, Cover
Braunschweig Stadtmarketing GmbH/David Taylor S. 4 (5. v. o.), 5 (5. v. o.), 65, 72, 84, 86
Braunschweiger Verkehrs-AG S. 138
chihirock – Fotolia.com S. 10
Dompfarramt Braunschweig (Vorlage) S. 30, 34, 35
Fotoarchiv der Stiftung Braunschweigischer Kulturbesitz/A. Greiner-Napp S. 96
Frank – Fotolia.com S. 108
GOSLAR marketing GmbH S. 105
Herzog Anton Ulrich-Museum/Cordes S. 73
Michael Kraft S. 78
Joachim Opelka – Fotolia.com S. 106
Phaeno/Klemens Ortmeyer S. 100
Phaeno/Nina Stiller S. 101
Snapshots Of The Past (General view Brunswick (i. e. Braunschweig) Germany) [CC-BY-SA-2.0 (http://creative commons.org/licenses/by-sa/2.0)], via Wikimedia Commons) S. 110
Staatstheater Braunschweig/Christian Bort S. 77
Stadt Braunschweig/Gisela Rothe S. 2, 4 (1., 3., 4. v. o.), 20, 22, 31, 41, 46, 51, 60, 70
Stefan Schiefer – www.digitphotos.de S. 104
Südheide Gifhorn GmbH S. 88, 102
SyB – Fotolia.com S. 21
Till Eulenspiegel-Museum S. 89
User: Brunswyk (Braunschweig: Detail des „Hauses zu den Sieben Türmen) [CC-BY-SA-3.0 (http://creativecom mons.org/licenses/by-sa/3.0)], via Wikimedia Commons) S. 67
Staatliches Naturhistorisches Museum Braunschweig S. 132
Wolfenbüttel Marketing & Tourismus Service GmbH S. 19, 94, 95
WR Tourismus GmbH S. 107

DIE AUTORIN

Jutta Thiel, geboren 1979, lebt seit knapp zehn Jahren in Braunschweig und ist in der Region aufgewachsen. Sie arbeitet freiberuflich als Journalistin für verschiedene Verlage.

DANKESCHÖN

Autorin und Verlag bedanken sich bei allen Personen und Institutionen, die bei der Umsetzung des Reiseführers Braunschweig behilflich waren. Besonderer Dank gilt der Braunschweig Stadtmarketing GmbH für die Zurverfügungstellung des Bildmaterials sowie die Begleitung des Projekts. Weiterhin geht unser Dank an das Braunschweigische Landesmuseum, das Dompfarramt, den TourismusRegion BraunschweigerLAND e. V., die Südheide Gifhorn GmbH, die Wernigerode Tourismus GmbH, die GOSLAR marketing GmbH, die phæno gGmbH sowie die Autostadt GmbH. Unser persönlicher Dank gebührt Prof. Gerd Biegel vom Institut für Braunschweigische Regionalgeschichte und Michael Kraft vom Botanischen Garten der TU Braunschweig.

Der Verlag und die Autorin freuen sich über Ihre Hinweise:
info@mitteldeutscherverlag.de

Redaktionsschluss: Februar 2019

Karten: 2D-Grafik-Design (www.2d-grafik-design.de)

3., aktualisierte Auflage, 2019

www.mitteldeutscherverlag.de

Gesamtherstellung: Mitteldeutscher Verlag, Halle (Saale)

ISBN 978-3-89812-890-2

Printed in the EU